PETER KNEISS

Ökokommunismus: Alternative zur Klimakrise

AF209857

Ökokommunismus

Alternative zur Klimakrise

Peter Kneiß

Bibliografische Information der Deutschen Nationalbibliothek:
Die Deutsche Nationalbibliothek verzeichnet diese Publikation
in der Deutschen Nationalbibliografie; detaillierte bibliografische
Daten sind im Internet über dnb.dnb.de abrufbar.

Verlag: BoD · Books on Demand GmbH, Überseering 33, 22297
Hamburg, bod@bod.de

Druck: Libri Plureos GmbH, Friedensallee 273, 22763 Hamburg

ISBN: 978-3-8192-6657-7

Für Kerstin

Inhaltsverzeichnis

Abbildungsverzeichnis

Teil I.

Klima Leviathan: Die ökologische Krise als Krise des Kapitalismus

1. Ökologische Krise des Kapitalismus

Beginnen wir mit einer kurzen Beschreibung der kapitalistischen gesellschaftlichen Verhältnisses. Mit der Durchsetzung des kapitalistischen Gesellschaftsmodells in der Mitte des 16. Jahrhunderts begann ein ungeahnter Aufschwung der gesellschaftlichen Entwicklung. Die Gesellschaft spaltete sich in zwei feindlich gegenüberstehende Klassen. Auf der einen Seite die Kapitalbesitzer, die Bourgeoisie; und auf der anderen Seite die Arbeitskraftbesitzer, das Proletariat. Wobei das Proletariat im Zuge der kapitalistischen Entwicklung gewaltsam, durch die sogenannte „ursprüngliche Akkumulation"[1] geschaffen wurde. Die Kapitalisten hatten die ökonomische und politische Macht. Ihr einziges Streben bestand darin, ihr vorhandenes Kapital weiter zu vermehren, sprich: Profit zu machen. Dazu war es notwendig freie menschliche Arbeitskraft innerhalb des Produktionsprozesses, des von Marx sogenannten Stoffwechselprozesses des Menschen mit der Natur", einzusetzen.

Zur Erzielung des Profits ist es notwendig natürliche Ressourcen, vermittelt über menschliche Arbeitskraft in Kombination mit Maschinerie, zu verkaufsfähigen Produkten zu verarbeiten. Dies geschieht innerhalb des kapitalistisch organisierten Produk-

---

[1] Marx, „Das Kapital. Kritik der politischen Ökonomie Erster Band: Buch I: Der Produktionsprozeß des Kapitals", vgl. Kapitel 24.

tionsprozesses. Dort wird menschliche Arbeitskraft, natürliche Ressourcen (wie Baumwolle, Sand, Holz etc.) sowie Produktionsmittel (Maschinen) so kombiniert, dass ein gleichförmiger Prozess abläuft. Innerhalb dieses gleichförmigen Prozesses wird durch die Verausgabung der menschlichen Arbeitskraft ein Mehrwert an die produzierten Produkte weiter gegeben. Dieser durch die menschliche Arbeitskraft den Produkten zugesetzter Mehrwert wird als Profit durch den Verkauf der Produkte auf dem Markt (meistens) realisiert und vom Kapitalisten angeeignet. Das erhöhte Kapital wird im nächsten Durchgang der Produktion wieder eingesetzt und führt zu einer weiteren Erhöhung des Kapitals durch weiteren Profit. Die Akkumulation des Kapitals ist damit als unendlicher Prozess in Gang gesetzt. Es geht den Kapitalisten nicht um die Produktion von Gebrauchswerten. Die gesamte Maschinerie dient einzig und allein dazu, aus Kapital mehr Kapital zu machen. In der einfachsten, von Marx formulierten, darstellbaren Form: G-W-G'.

Zur Herstellung des gleichförmigen Prozesses, sowie zum Betrieb der Maschinerie, wird zu Beginn des Kapitalismus mit Wasserkraft und Windkraft gearbeitet. Es werden Wind- und Wassermühlen gebaut und über Treibriemen die Maschinerie innerhalb der Fabrikgebäude angetrieben. Zur gleichförmigen und kontinuierlichen Verarbeitung der natürlichen Ressourcen ist diese Art des Antriebes nicht besonders gut geeignet. Bläst der Wind nicht, oder versiegt das Wasser in den Bächen und Flüssen im Sommer zu einem Rinnsal, steht die Produktion vorübergehend still. Damit wird die Erzeugung der Produkte unterbrochen und damit stockt die Profiterzielung für die Kapitalisten. Um eine kontinuierliche Produktion und einen gleichförmigen Ablauf der Maschinerie zu gewährleisten, wurden wissenschaftliche Methoden angewandt. Ein Ergebnis dieser Forschung war die Entwicklung der Dampfmaschine. Sie gewährleistet einen kontinuierliche, und vor allem standortunabhängige Arbeitsweise der Maschinerie. Zum Betreiben der neuen Antriebsmaschine war eine neue fossile Ressource notwendig: Kohle. Die Fabriken rückten nun von den Wasserläufen ab, hin in die Richtung von Kohlebergwerken. Erst mit Erfindung der ersten Lokomotive wurde es möglich, Fabriken zentral in Städten zu bauen. Dort konnten die Eisenbahnen die Dampfmaschinen mit Kohle versorgen, die auch aus weitab gelegenen Bergwerken kamen. Ein mitgenommener Nebeneffekt für die Kapitalisten war nun, dass die Maschinerie zu jeder Tages- und Nachtzeit laufen konnten. Der Prozess der Profitmehrung damit kontinuierlich und unabhängig von Wettereinflüssen vor sich gehen konnte. Die Dampfmaschine war damit der Ausgangspunkt für den kontinuierlichen Betrieb der Profitmacherei - ohne jegliche Unterbrechung. Dem unendlichen Trieb des Kapitals war damit entsprochen.

Einen Nachteil hatte die Dampfmaschine: durch die Verbrennung der Kohle emittierte sie als Abfallprodukt Kohlenstoffdioxid (CO_2) in die Umgebung, insbesondere in die Luft. Das allerdings wurde als nicht relevant angesehen. Auch wenn sich über den Städten Englands dicke, schwarze Rauchwolken aus den Schloten der Fabriken bildeten. Vorderhand ging es immer um die Mehrung des Reichtums. Ideologisch um den Reichtum der Gesellschaft, faktisch um den Reichtum einzelner Kapitalisten bzw. der gesamten Kapitalistenklasse. Einen Vorteil brachte die Dampfmaschine mit: sie überwand die Grenzen der natürlichen Ressourcen (Sonne, Wind und Wasser) für den Antrieb der Maschinerie in den Fabriken. Dafür wurde die Umweltverschmutzung mit in Kauf genommen. Die Endlichkeit der natürlichen Ressourcen schien überwunden durch den Einsatz der Kohle. Die Frage nach der Endlichkeit der Kohle, durch Erschöpfung der Bergwerke, stellt sich niemandem. Als dann die Kohle knapper wurde, wurde eine Alternative gesucht und gefunden: Erdöl. Raffiniert als Benzin diente es dazu, die Kohle als Antriebsressource zu ersetzen. Das Problem mit der CO_2 Emission blieb allerdings und verschärfte sich noch weiter. Mit dem Erdöl kam eine natürliche Ressource in die menschliche Welt, die in breiterer Front als Kohle eingesetzt werden konnte. Es wurden Benzinmotoren entwickelt die deutlich kleiner waren als Verbrennungsmotoren mit Kohle. Diese konnten in ein weiteres neuartiges Artefakt eingebaut werden: dem Automobil. Dieses trat seinen Siegeszug um die Erde an. Mit Millionen von Motoren die alle Öl verbrannten und damit erheblich zu der CO_2 Verschmutzung der Umwelt beitrugen.

Umweltverschmutzung war in den Anfangszeiten des Kapitalismus kein Thema. Für Kapitalisten nicht, die die Abfälle als notwendiges Übel hinnahmen. Für die Arbeiter nicht, die die Umweltverschmutzung ebenfalls als Fakt der Produktionsweise hinnahmen. Nur wenige, wie Friedrich Engels, erkannten die Gefährlichkeit der Emissionen für die Umwelt und Menschen.

Die von Marx allgemein formulierte Formel für die Kapitalakkumulation: G-W-G' hatte die Emissionen noch nicht antizipiert. In ihrer detaillierten Form kann die allgemeine Formel folgendermaßen formuliert werden:

Wie zu sehen ist, kann die Produktion (P) in ihre einzelnen Komponenten aufgesplittet werden: erstens in menschliche Arbeitskraft (Ak) und zweitens in Produktionsmittel (Pm), sprich Maschinerie. Während des Produktionsprozesses, der Umwandlung von natürlichen Ressourcen in Produkte, wird den Produkten über die Verausgabung von menschlicher Arbeitskraft ein Mehrwert zugesetzt. Dieser wird durch den Verkauf der Produkte auf dem Markt realisiert oder, im schlimmsten Falle, nicht realisiert. Durch den Verkauf werden nicht nur die Kosten der natürlichen Ressourcen sondern auch die Produktionskosten sowie die Lohnkosten für die menschliche Arbeitskraft ersetzt und

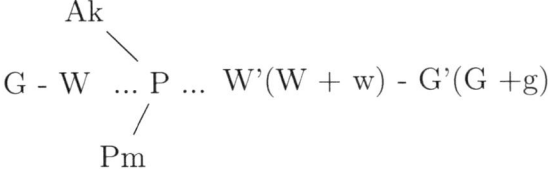

Abbildung 1.1.: Erweiterte allgemeine Form der Kapitalakkumulation

Quelle: Marx, „Das Kapital. Kritik der politischen Ökonomie Zweiter Band: Buch II: Der Zirkulationsprozeß des Kapitals", Kapitel 1

obendrauf noch der den Produkten zugefügte Mehrwert (an dieser Stelle als Profit bezeichnet) realisiert. Mit diesem erhöhten Kapital beginnt der Prozess wieder von vorne. Wiederum mit der Maßgabe einen Profit zu erzielen, also das eingesetzte Kapital zu vermehren.

Andreas Malm hat diesen allgemeinen Prozess der Kapitalakkumulation um die CO_2 Emissionen erweitert: $M - C(L + MP(F))...P...C' - M'$[2] und in die explizite Form übersetzt:

In den Stoffwechselprozess des Menschen mit der Natur fließen jetzt nicht nur die Produktionsfaktoren Arbeitskraft (Ak) und Produktionsmittel (Pm), sondern auch Fossile Rohstoffe (F) mit ein. Der Stoffwechselprozess selbst erzeugt jetzt nicht nur einen Output an Produkten (W') und einen Profit durch den Verkauf der Produkte (G'), sondern emittiert auf allen Ebenen CO_2.

Da der kapitalistische Produktionsprozess immer auf Unendlichkeit ausgelegt ist, beginnt jeder weitere, neue Kreislauf mit einem gesteigerten Kapitaleinsatz wieder von vorne. Hier kommt

---

[2]Andreas Malm, *Fossil capital: The rise of steam power and the roots of global warming*, S. 289.

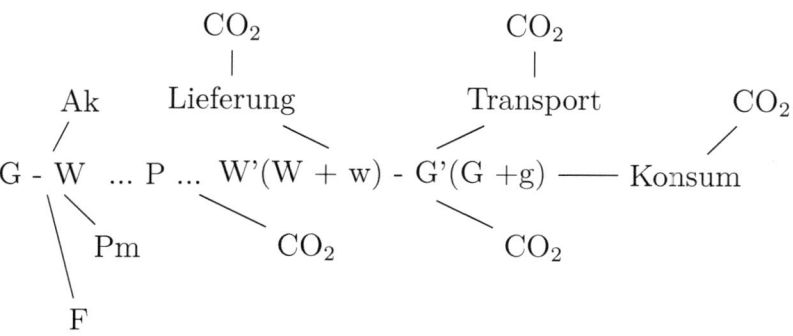

Abbildung 1.2.: Erweiterte explizite Form der Kapitalakkumulation durch fossile Brennstoffe
Quelle: Andreas Malm, *Fossil capital: The rise of steam power and the roots of global warming*, S. 289ff

jetzt die gesteigerte Ausbeutung fossiler Rohstoffe (F') dazu, ebenso wie der daraus folgende gesteigerte Anstieg des CO_2 Ausstoßes durch den Stoffwechselprozess. Gleichzeitig wird durch den Transport der Produkte zum Markt, von z.B. China nach Europa, ebenfalls CO_2 emittiert. Ebenso durch den Konsum der fertigen Produkte. Dies ist besonders kritisch wenn es sich um Massenprodukte wie z.B. Autos handelt. Wobei die individuellen CO_2 Emissionen vernachlässigbar klein sind im Vergleich zu den CO_2 Emissionen die durch den Stoffwechselprozess verursacht werden. Der Hauptverursacher der CO_2 Emissionen ist eindeutig der kapitalistisch organisierte Stoffwechselprozess mit seinem gewaltigen Hunger nach fossiler Energie und der Abgabe von nicht verwertbaren Abfallstoffen in die natürliche Umwelt.

Wir sehen hier auf der einen Seite den unendlichen Trieb des Kapitalismus das eingesetzte Kapital profitabel zu verwerten. Das bringt eine immerwährende Steigerung des fossilen Ressourcenverbrauches mit sich und damit das steigende Problem der Umweltzerstörung bei Gebrauch oder Entsorgung der produzierten Waren. Auf der anderen Seite steht die Endlichkeit der natürlichen Ressourcen die von der Erde zur Verfügung gestellt werden und die seit Jahrzehnten beschleunigt ausgebeutet werden.

Alles das zeigt uns, dass die Klimaerwärmung auf den Beginn des Kapitalismus datiert werden kann.[3] Die Hauptursache für die ökologische Zerstörung ist der kapitalistisch organisierte Produktionsprozess in all seinen Formen und die damit notwendige gesellschaftliche Organisation. Nicht nur die Produktion verursacht steigende CO_2-Emissionen. Wie wir gesehen haben, entstehen durch den Gebrauch der hergestellten Produkte ebenfalls steigende CO_2-Emissionen. Für die Anfangszeit des Kapitalismus kann gezeigt werden, dass die Auswirkungen der CO_2-Emissionen geringe Auswirkungen auf das Erdklima hatten. Ersichtlich wird das durch Eiskerne aus der Antarktis und Arktis in denen sich die Luftverschmutzung deutlich zu erkennen gibt. Einen rasanten Anstieg des Verbrauchs fossiler Ressourcen, insbesondere von Erdöl, fand nach Beendigung des Zweiten Weltkrieges, mit dem Beginn der 1950er Jahre statt. Dies bedeutete einen historischen Einschnitt für den gesellschaftlichen Stoffwechselprozess des Menschen.[4] Mit der Durchsetzung

---

[3] „Deshalb ist es zwar einerseits korrekt, den fossilen Kapitalimus mit dem massenhaften Einsatz der Steinkohle beginnen zu lassen. Andererseits brachte aber erst das Erdöl die Institutionen der modernen Arbeitswelt und die ökologische Krise hervor. Die spezifische Form, in der diese Institutionen und der Ursprung der Klimakrise konvergieren, ist das Automobil." Schaupp, *Stoffwechselpolitik: Arbeit, Natur und die Zukunft des Planeten*, S. 203

[4] „Die Umstellung von Steinkohle auf Erdöl bedeutete einen welthistorischen Einschnitt, dessen Einfluss auf das Verhältnis von Arbeit und Natur kaum überschätzt werden kann." ebd., S. 200

des fordistischen Kapitalismus stieg der Massenkonsum von Gütern an. Das waren vor allem Haushaltsgeräte wie Kühlschränke, Waschmaschinen, Geschirrspüler und Fernsehapparate, die einen steigenden Ressourcenverbrauch in der Produktion verursachten. Ein herausragendes Gut war das Automobil, dass zu diesem Zeitpunkt als Massenprodukt durchstartete und dessen massenhafte Verbreitung bis heute anhält.

In der Grafik 1.3 wird die Produktion fossiler Energie in Mio. Tonnen Öläquivalenten dargestellt. Hier ist ebenfalls zu erkennen, dass ab den 1950er Jahren die Produktion einen deutlichen Satz nach oben macht. Ursache dafür ist, wie wir gesehen haben, die schnelle und massenhafte Verbreitung des Autos als allgemeines Verkehrsmittel.

Die Grafik 1.4 zeigt den Autobestand (in Mio. Stück) in Deutschland. Deutlich ist zu erkennen, wie Anfang der 1950er Jahre der Bestand nach oben schießt. Dieses Wachstum hielt über Jahrzehnte hin an. Erst in den 2000er Jahren hat sich das Wachstum etwas verlangsamt um sich auf einem sehr hohen Niveau einzupendeln. Die Wachstumsraten schwächten sich ab, aber das absolute Wachstum geht ungebremst weiter. Das hat massive Auswirkungen auf die Produktion des fossilen Rohstoffes Erdöl, dessen Derivat Benzin für den Antrieb der Autos sorgt. Ebenso hat dieses ungebremste Wachstum des Individualverkehrs massive Auswirkungen auf die CO_2 Emissionen.

> „Im Jahr 2019 waren Straßenfahrzeuge für rund 18 Prozent der weltweiten CO_2-Emissionen verantwortlich. Luftverkehr und Schifffahrt kamen »nur« auf jeweils knapp 3 Prozent. Von den Emissionen des Straßenverkehrs entfallen wiederum knapp zwei Drittel auf private Pkws und Motorräder."[5]

---

[5]Schaupp, *Stoffwechselpolitik: Arbeit, Natur und die Zukunft des Planeten,*

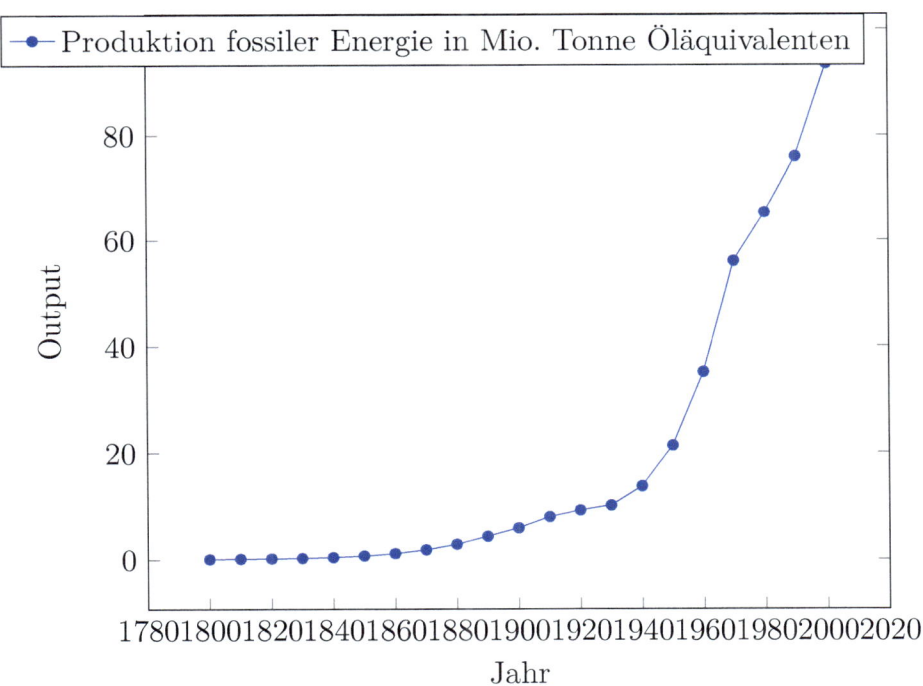

Abbildung 1.3.: Produktion fossiler Energie in Mio. Tonne Öläquivalenten

Quelle: Schaupp, *Stoffwechselpolitik: Arbeit, Natur und die Zukunft des Planeten*, S. 202

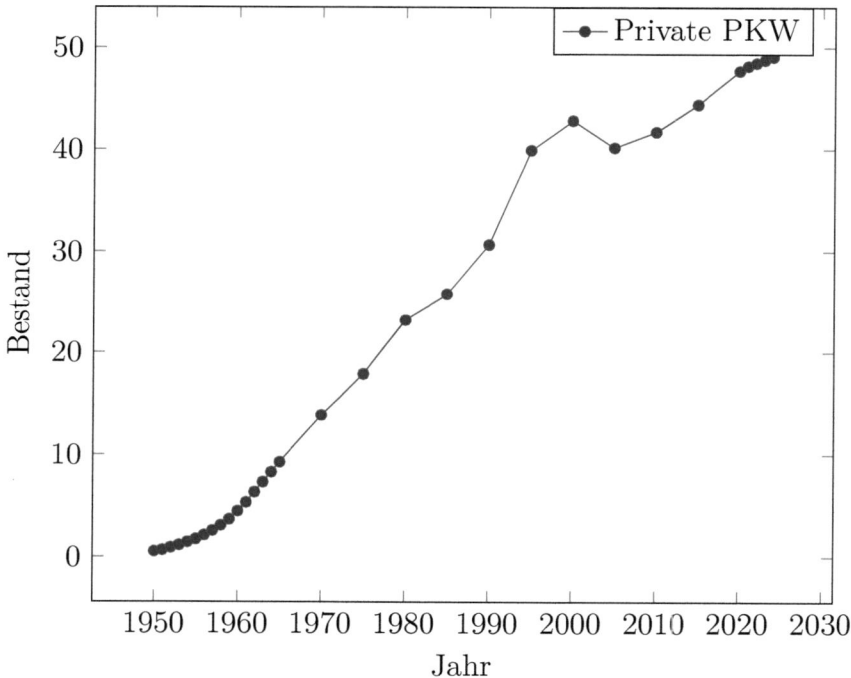

Abbildung 1.4.: Kraftfahrzeugbestand in 1.000
Quelle: www.was-war-wann.de/historische_werte, *Kfz Bestand Deutschland 1900 bis 2000*

Mit dieser massenhaften Verbreitung des Individualverkehrs veränderte sich der Stoffwechselprozess zum Negativen. Zur Befriedigung der steigenden Nachfrage war der Einsatz höherer Mengen an fossilen Ressourcen notwendig. Gleichzeitig mit dem steigenden Ressourcenverbrauch entstand das Problem des Entsorgung nicht mehr benötigter Güter, das ebenfalls massenhaft zunahm. In den 1950er bis weit in die 1970er Jahre hinein wurden Abfälle aller Art, wie Plastik, alte Öle, Fette, Papier usw., auf offenen Müllkippen in der Landschaft gelagert, meist in ausgebeuteten Kiesgruben oder auch einfach auf einer freien Fläche vor den Städten. In späteren Jahren wurden diese Abfallhaufen mit Erde bedeckt und begrünt. Etliche Städte haben heute grüne Gebiete zur Naherholung auf den ehemaligen Müllhalden errichtet. Andererseits sind die Abfälle chemische Verbindungen eingegangen von denen niemand weiß welche Auswirkungen die dort entstandenen Stoffe auf die Umwelt haben. Teilweise sickern giftige Stoffe in die Umwelt und müssen mit hohen technischen Aufwand aufgefangen, gelagert und nach Möglichkeit sicher entsorgt werden.

Die 1950er Jahren waren der Startpunkt für die weltweite Durchsetzung des amerikanischen Konsummodells: hoher Energieverbrauch, Wegwerfmentalität, hoher privater Konsum.[6] Geprägt wurde diese Zeit von einem Glauben an unendliches wirtschaftliches Wachstum, das erst Anfang der 1970er Jahre die ersten Dellen bekam. Die Entscheidungen zum massenhaften Konsum wurde nicht von den Individuuen getroffen. Diese waren vielmehr Investitionsentscheidungen der führenden Unternehmen zur Produktion und Vertrieb der Konsumgüter.[7] Damit liegt die

---

S. 276.

[6]vgl. Schaupp, *Stoffwechselpolitik: Arbeit, Natur und die Zukunft des Planeten*, S. 222

[7]vgl. ebd., S. 224

Ursache des beschleunigten Stoffwechsels und der daraus folgenden Umweltzerstörung in der Produktionssphäre kapitalistischer Gesellschaften.

Die Arbeiterklasse ging einen Deal mit den Kapitalisten ein: sie wurde massenhaft mit Konsumgütern versorgt die ihnen das Leben erleichterte. Auf der anderen Seite hielten die Arbeiter still und unterwarfen sich den Arbeitsbedingungen innerhalb der Produktionssphäre. Und hier setzten die staatlichen Maßnahmen zur Bekämpfung des Klimawandels ein. In einem ersten Schritt wird hier versucht die Emissionen zu bepreisen bzw. zu besteuern. Damit sollen die Mittel geschaffen werden um den angerichteten Schaden zu beseitigen. Die Verschmutzung soll zu einem teuren Gut werden. Dies trifft allerdings immer die unteren Klassen mit einem geringen Einkommen. Auf dieser Ebene wird dann individuell versucht die Verschmutzung zu senken; was teilweise auch sehr gut gelingt. Andererseits ziehen die wohlhabenderen Schichten da nicht mit. Hier zeigt sich, dass deren Emissionen weiter gestiegen sind. Zurückgeführt werden kann dies auf den steigenden Konsum, insbesondere hinsichtlich immer größerer Autos, wie SUVs, deren Emissionen durch die stärkere Motorisierung und den höheren Benzinverbrauch steigen.[8] Das ist ein wichtiges Thema für Klimagerechtigkeit, die in diesem Falle einseitig von den Reichen aufgekündigt wird. Letztlich kann dies zu scharfen sozialen Auseinandersetzungen innerhalb der Gesellschaften führen, da die Ärmeren glauben dass sie schon viel für die Emissionsvermeidung getan haben und praktisch erfahren dass die Reicheren nichts dafür tun bzw. die Emissionen noch steigern.

---

[8] „Diese Politik zeigt Wirkung: Die ärmere Hälfte der Europäerinnen hat ihre Emissionen zwischen 1990 und 2015 um fast ein Viertel gesenkt, während die der wohlhabendsten zehn Prozent weiter stiegen." Schaupp, *Stoffwechselpolitik: Arbeit, Natur und die Zukunft des Planeten*, S. 228–229

Die Auseinandersetzungen werden von der herrschenden Klasse in Kauf genommen: einerseits um den eigenen Lebensstil weiterhin aufrecht erhalten zu können und andererseits um den abgehängten Massen ihre Hilflosigkeit bei der Bekämpfung der ökologischen Krise aufzuzeigen. Dabei werden sie von der herrschenden Mainstreamwissenschaft massiv unterstützt. Insbesondere ist hier die Wirtschaftswissenschaft zu nennen, die einen sehr großen Einfluss mit ihren Modellen und Denkweisen auf die politischen Entscheidungsträger hat. Der Glaube an ein unendliches Wachstum soll weiterhin aufrecht erhalten werden ebenso wie der Glaube an den Markt als das Instrument einer optimalen Ressourcenallokation. In diesem Sinne werden die Bepreisung von allen Arten von Treibhausgasen in den Vordergrund der Diskussion zur Bekämpfung der ökologischen Krise gerückt. Eine Bepreisung ist eine vollkommen untaugliche Maßnahme um ökologische Verschmutzungen zu verhindern. Wie soll die Eisschmelze in der Arktis und Antarktis bewertet werden? Wie soll die Freisetzung von Methan in der russischen Taiga bepreist werden? Oder das Aufhören des Golfstromes? Alles das wird in den Diskussionen und Vorschlägen der Mainstreamwissenschaft ausgeblendet. Entscheidend ist hier der Preis für CO_2-Emissionen. Das ist eine so deutliche Verkürzung auf einen einzigen Punkt innerhalb der ökologischen Krise, das es schon etwas merkwürdig anmutet, wo die anderen Punkte der ökologischen Krise geblieben sind. Hier muss festgestellt werden, dass die Eisschmelze oder die Methan-Freisetzungen sich nicht in ein Marktmodell pressen lassen, und deswegen einfach unterschlagen werden. Eine Alternative wird von der Mainstreamwissenschaft erst gar nicht angeboten, da der kapitalistische Marktmechanismus als das alleinige Heilmittel für alle Übel dargestellt wird. Adrienne Buller bringt es auf den Punkt:

„Der Mainstream-Ansatz der Wirtschaftswissenschaf-
ten für Klima- und Umweltpolitik und -modellierung
ist nicht nur mit Abstraktionen bevölkert, die die
Komplexität unserer globalisierten Wirtschaft, unseres Klimas und unserer Biospähre in unwahrschein-
lich einfache Vorhersagen zerlegen, sondern auch
mit zahllosen subjektiven Entscheidungen, die in
der Sprache der Objektivität getarnt sind."[9]

Ganz zynisch wird es, wenn der Markt als die alleinige Rettung
aus der ökologischen Krise von Politikern angepriesen wird. Damit wird die Suche nach umfassenden alternativen Lösungen für
die ökologische Krise weitestgehend verhindert.[10] Die physikalischen Gesetzmäßigkeiten werden innerhalb dieser Diskussionen
erst überhaupt nicht berücksichtigt, sondern es wird weiterhin
der Weg „immer weiter so" verfolgt, der letztlich in den Abgrund
führt.

Schauen wir uns ein paar Fakten im nächsten Kapitel an,
die vielleicht helfen, eine tiefere Einsicht in den Umfang der
ökologischen Krise zu bekommen.

---

[9]Buller, *Der Wert eines Wales: Über die Illusionen des grünen Kapitalismus*,
S. 61.

[10]Betrieben wird dieses Geschäft in Deutschland am sichtbarsten von der
FDP, die als Partei des sich ökonomisch führenden Mittelstandes auf-
führt, und möglichst alles so sein lassen will wie es jetzt ist. Ebenso
sind zwischenzeitlich (2024) alle politischen Parteien mehr oder weniger damit beschäftigt, eine radikale Lösung der ökologischen Krise
mit marktradikalen Argumenten zu unterdrücken. Eine Lösung wird
weitestgehend im „Grünen Kapitalismus" gesucht, den wir im Kapitel 4
ab Seite 61 diskutieren werden.

Teil II.

Daten und Fakten zur ökologischen Krise. Wo stehen wir? Wieviel Zeit bleibt?

2. Das Anthropozän

Der Ausstoß von CO_2 führt zu einer Verstärkung der natürlichen Klimaerwärmung (der bekannte und notwendige Albedo-Effekt), der für das ökologische Gleichgewicht der Erde essentiell ist. Dieser Effekt ist seit 1850 bekannt. Das CO_2 lässt die Sonnenstrahlung durch, verhindert aber dass die Wärme nach außen, außerhalb der Atmosphäre der Erde , tritt. Das führt zu einem Treibhauseffekt, der das Klima auf der Erde erwärmt und stabilisiert. Gäbe es diesen Effekt nicht, würden wir uns heute in einer Welt bewegen die einer Eiszeit entspricht, mit Temperaturen wahrscheinlich um 35 °C kälter als heute.

Ein weiterer entscheidender Faktor für die Klimastabilität auf der Erde ist die minimale Veränderung des Sonnenwinkels, die sich in sehr langen Zeiträumen auf ganz kleinem Niveau verändern, die sog. Milanković-Zyklen. Diese minimalen Erwärmungen und Abkühlungen sorgen dafür, dass über die Ozeane CO_2 aufgenommen oder abgegeben wird und damit das Klima stabilisiert wird, unabhängig von eventuell auftretenden abrupten Veränderungen in der Sonneneinstrahlung. Das ist ein über Jahrmillionen eingespielter Zyklus der den Anteil des Kohlenstoffdioxid konstant zwischen einer Obergrenze von 280-300 Anteile pro Millionen (Volumenverhältnis) (ppmv) und einer Untergrenze von 180 ppmv hält. Dies ermöglicht die Klimastabilität auf der Erde und damit ist ein Leben auf der Erde möglich. Externe Faktoren können dieses Zusammenspiel erheblich stören und aus dem Tritt bringen.

Die Erdwissenschaftler konnten anhand ihrer Untersuchungen feststellen, dass die CO_2-Konzentration seit den 1950er Jahre explosionsartig über die Höchstgrenze von 300 ppmv hinausgeschossen ist. Dies zeigt die Grafik 2.1 der NASA sehr deutlich. Zurückgeführt werden kann dieses Überschießen auf die sog. „Gro-

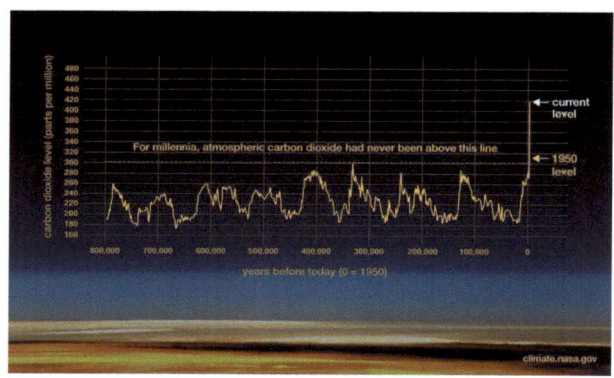

Abbildung 2.1.:
Quelle: www.science.nasa.gov, *The relentless rise of carbon dioxide - NASA Science*

ße Beschleunigung" nach Beendigung des Zweiten Weltkrieges. In den Jahrhunderten davor waren die CO_2-Emissionen ebenfalls sehr hoch, aber bei weitem noch nicht so dramatisch, dass das Weltklima in Mitleidenschaft gezogen wurde. Seit dem Beginn des Kapitalismus steigen die CO_2-Emissionen dagegen stark an. Mit der Durchsetzung des Massenkonsums in den 1950er Jahren musste die kapitalistische Produktion so stark ausgedehnt werden, dass die Emissionen deutlich anzogen. Wie in der Grafik 1.2 auf Seite 18 von Malm zu sehen ist, wird an jeder Stelle des Akkumulations- und Konsumtionsprozess CO_2 emittiert. Wenn dieser Prozess als Massenprozess fortgeführt wird, steigen die Emissionen überproportional stark an. Damit nimmt der Mensch verstärkten Einfluss auf das Erdklima, indem die natürliche Klimaerwärmung um ein Vielfaches verstärkt wird und zu einer Überhitzung der Erde führt. Dieser menschliche Eingriff lässt sich seit dem Beginn des Kapitalismus im 16. Jahrhundert nachvollziehen. Erdwissenschaftler können anhand der Jahresringe von Bäumen, dem Wachstum von Korallenriffen, der Ablagerungen im Sediment von Meeren und Ozeanen und insbesondere anhand von Eiskernen aus Gletschern die Klimaveränderungen nachvollziehen.

Auf dieser Basis muss davon ausgegangen werden, dass die Menschheit die Erderwärmung vorangetrieben hat und Einfluss auf das gesamte Klima der Erde genommen hat. Mit dieser Aktivität der Menschen wurde eine unumkehrbare Veränderung im Erdklima geschaffen. Bis jetzt wurde davon ausgegangen, dass sich die Klimaveränderung der Erde in geologischen, also sehr langen, Zeiträumen vollzieht. In den letzten Jahren wurde allerdings, ebenfalls von Erdwissenschaftlern, festgestellt, dass dies nicht der Fall ist. Es zeigt sich, dass die Veränderungen des Klimas viel schneller aufeinander folgen als bisher angenommen. Das gilt für alle Erdzeitalter die bis heute untersucht werden können.[1] Kleinere Veränderungen im Klima summieren sich auf zu größeren; die Komplexität des Objektes erhöht sich, bis plötzlich ein Umschlag des Zustandes erfolgt. Diesen Vorgang kennt jeder der schon mal gekocht hat: Wasser wird durch Wärme erhitzt, es bilden sich Blasen auf der Oberfläche und wenn der Siedepunkt erreicht ist, verwandelt sich Wasser schlagartig in Dampf. Das ist der Übergang vom flüssigen in den gasförmigen Zustand. Dieser Übergang ist der bekannte Hegelsche Umschlag von Quantität in Qualität, den Marx und Engels auf die mate-

---

[1]vgl. Angus, *Im Angesicht des Anthropozäns: Klima und Gesellschaft in der Krise*, S. 64

rielle Welt angewandt haben. Umgangssprachlich wird von sog. „Kipppunkten" gesprochen. Dieser Begriff hat Einzug vor allem in die Meteorologie gehalten. Bei der Wetterbeobachtung und -darstellung wird öfter auf solche Kipppunkte hingewiesen: wie z.b. aus einem kleinen Sturm schlagartig ein Orkan wird. Der bis jetzt sich vorgestellte lineare und stetige Prozess des Klimas und dessen Abfolge: Winter, Frühling, Sommer, Herbst, Winter usw. wird abrupt durch Kipppunkte unterbrochen.[2] Und die Geschwindigkeit mit der dieser Umschlag vor sich geht, beschleunigt sich und ist nicht aufzuhalten.

> „Im System der Erde sind Kipppunkte keine Ausnahme, sie sind die Norm."[3]

Kipppunkte sind auch Punkte innerhalb des Erdklimas. Schmelzen die Gletscher in der gleichen Geschwindigkeit wie bisher ab, hat das fatale Folgen. In den Bergen lockert sich die Erde, die bis dahin vom Frost zusammen gehalten wurde. Gibt es den nun immer häufiger auftretenden Starkregen, rutscht die Erde in Geröll- und Schlammlawinen zu Tal und zerstört alles was ihr im Weg liegt. In den Alpen haben die Bewohner verschiedener Orte immer mehr damit zu kämpfen. Schmelzen die Gletscher an den Polkappen ab, steigt der Meeresspiegel stärker an als bis jetzt vermutet. Ganze küstennahe Landstriche, wie Florida, die Niederlande, dänische und deutsche Nordseeküsten, ja ganze Inselgruppen im Pazifik und Atlantik können damit unter den Meeresspiegel absinken und gehen für immer verloren.

Aus allen diesen, immer verstärkter auftretenden Phänomenen, begannen ab 2009 Wissenschaftler unter der Leitung von **Johan**

---

[2] vgl. Angus, *Im Angesicht des Anthropozäns: Klima und Gesellschaft in der Krise*, S. 68
[3] Ebd., S. 67.

Rockström im Stockholm Resilience Center,[4] zum ersten Mal neun „planetare Grenzen" zu definieren. Diese stellen die Klimastabilität und Widerstandskraft der Erde gegen ökologische Schäden der Welt dar. Die neuen Grenzen erstrecken sich auf die Bereiche:

1. Süßwassernutzung

2. Ozonschicht

3. Luftverschmutzung

4. Ozeanversauerung

5. Stoffkreisläufe

6. Neue Substanzen

7. Landnutzung

8. Zustand der Biospähre

9. Klimawandel[5]

Mit diesen Grenzen lässt sich die Erdüberlastung sehr anschaulich darstellen. Dies geschieht seit 2009 in regelmäßigen Abständen vom Stockholm Resilience Center.[6] Anhand dieser Grafiken ist erkennbar, wie im Zeitablauf immer mehr Grenzen überschritten wurden. Die aktuelle Darstellung der Grenzüberschreitungen ist aus dem Jahr 2023 (vgl: Grafik 2.2 auf Seite 34). Alle rot gekennzeichneten Grenzen sind Überschreitungen, während die grünen

---

[4]www.stockholmresilience.org, *Planetary boundaries.*

[5]www.helmholtz-klima.de/planetare-belastungs-grenzen, „Planetare Grenzen: Neun Leitplanken für die Zukunft".

[6]www.stockholmresilience.org, *Planetary boundaries.*

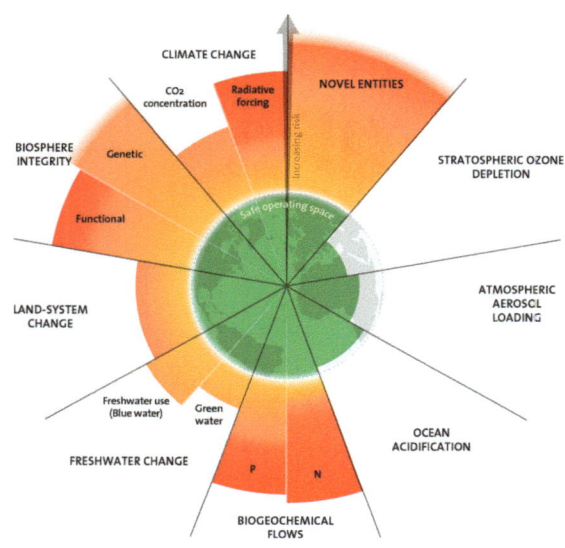

Abbildung 2.2.: Planetary Boundaries 2023

Bereiche den „sicheren Handlungsraum" kennzeichnet. Zu diesem sicheren Raum gilt es, schnellsten wieder zurückzukommen um das ökologische Gleichgewicht der Erde wieder herstellen zu können und ein sicheres Leben auf der Erde für die Menschheit zu ermöglichen.

Weitere planetare Grenzen können (und werden) in Mitleidenschaft gezogen durch die menschengemachte Klimaerwärmung:

- Durch die verstärkte Ausbeutung der fossilen Rohstoffe, wie Erdöl, Kohle, Gas, erschöpfen sich diese Ressourcen deutlich schneller und führen zu einer Beschleunigung der CO_2 Emissionen.

- Die Eisschilde in der Arktis und Antarktis schmelzen durch die Klimaerwärmung deutlich schneller ab und führen zu einer Erhöhung des Meeresspiegels. Dadurch steigt die Gefahr, dass küstennahe Gebiete überflutet werden und Land verloren gehen wird.

- Gletscher werden weiter abschmelzen. Dadurch erhöht sich die Gefahr von Erdrutschen. Wasser und Schnee wird nicht mehr durch die Gletscher gebunden, sondern kann für Überschwemmung und Schlammlawinen sorgen.

- Der erhöhte CO_2 Gehalt in der Luft kann durch die Ozeane nicht mehr gebunden werden. Dadurch versauern die Ozeane. Kleinorganismen und Fische werden schneller aussterben als bis jetzt angenommen.

- Zusätzlich zum CO_2 steigen die Anteile des CH_4 und weiterer Gase in der Atmosphäre an und heizen damit die Klimaerwärmung schneller an.

Naturwissenschaftler, insbesondere Erdwissenschaftler, sind äußerst zurückhaltend bei der Definition neuer Erdzeitalter. Die Konsequenz aber, die aus allen registrierten Klimaveränderungen zu erkennen ist, ließ keinen anderen Schluss zu als die Menschen zu Verursachern dieser Veränderungen zu machen. Damit wurde von den Erdwissenschaften ein neues Erdzeitalter, das Anthropozän[7] definiert. Der Mensch ist mit seiner Stoffwechseltätigkeit zum wichtigsten Einflussfaktor auf die physikalischen, biologischen und chemischen Erdprozesse geworden. Während das vorangegangene Erdzeitalter, das Holozän, noch relativ stabile Klimaschwankungen aufwies, und diese von den dort lebenden

---

[7]„Das Holozän ist zu Ende. Das Anthropozän hat begonnen. Das kann nicht rückgängig gemacht werden. Die Klimaveränderungen, die bereits im Gange sind, werden noch tausend Jahre andauern." Angus, *Im Angesicht des Anthropozäns: Klima und Gesellschaft in der Krise*, S. 213

Menschen und Tieren adäquat adaptiert werden konnte, weist das Anthropozän eine deutliche Abweichungen in allen Bereichen auf. Diese Abweichungen sind eindeutig auf menschliche Eingriffe in die Umwelt zurückzuführen.

Zeigen lässt sich dies grafisch an den Entwicklungen des Erdsystems (physisch wie sozioökonomisch) anhand der Grafiken 2.3 auf Seite 40 aus der Veröffentlichung von W. Steffen;Wendy Broadgate;L. Deutsch;O. Gaffney;C. Ludwig, „The trajectory of the Anthropocene: The Great Acceleration".

Anhand dieser Daten lässt sich die „Große Beschleunigung" mit dem Beginn der 1950er Jahre deutlich erkennen. Bis dahin wurden in den Erdsystemen die planetaren Grenzen weitestgehend nicht verletzt. Alles bewegte sich in einem normalen physikalischen, chemischen Rahmen. Selbst der aufsteigende Kapitalismus mit seiner Abkehr von fossilen Ressourcen und der Hinwendung zur Verbrennung von Kohle und Öl zeigte keine gravierenden Auswirkungen auf das Erdsystem. Andererseits muss gesehen werden, dass die CO_2-Emissionen kontinuierlich anstiegen und ab 1950 förmlich explodierten. Wenn davon ausgegangen werden kann, dass eine Belastung mit 300 ppmv für die CO_2-Konzentration das Höchstmaß ist welches das Erdklima verträgt, zeigt sich ab 1950 das Überschreiten der planetaren Grenze ganz deutlich. Es ist auch keinerlei Stopp oder Rückgang, trotz aller politischen Bemühungen darum zu erkennen. Die CO_2-Konzentration steigt ungebremst weiter an.

Alle diese Grafiken zeigen eine Eigentümlichkeit: die explosionsartige Steigerung ab den 1950er Jahren. Alle Kurven und Darstellungen nehmen die Form eines Hockeyschlägers an. Diese Form eines „Hockeysticks" wurde zuerst von **Joel Wainwright** und **Geoff Mann**, als „infamous hockey stick" beschrieben.[8]

---

[8]Wainwright und G. Mann, *Climate Leviathan: A political theory of our*

Ein ähnliches Bild zeigt die Grafik für die Oberflächentempe-
ratur („Surface Temperatur") der Erde. Ein gewaltiger Schub
begann am Anfang des 20. Jahrhunderts der sich bis in die 1950er
Jahre fortsetzte. Dort stabilisierte sich die Erwärmung auf einem
hohen Niveau. Von diesem Niveau aus begann dann der nächste
Schub der bis heute anhält. Wobei der globale Temperaturanstieg
nicht nur dazu führt, dass die gefühlten Temperaturen höher
sind als aus der Vergangenheit bekannt. Der Temperaturanstieg
hat massive Auswirkungen auf das Wetter, die Biodiversität und
andere Bereiche. Extremwetterereignisse werden häufiger und
stärker auftreten. Das gesamte Klimaregime der Erde ist aus
dem Gleichgewicht durch die menschlichen Eingriffe gebracht
worden. Der Klimawandel ist bereits in vollem Gange und nicht
mehr umkehrbar.[9]

Wobei die physische Seite der Erde eben nur eine Seite ist. Die
andere Seite ist die sozio-ökonomische Entwicklung verschiedener
Parameter, wie sie in der Grafik 2.4 auf Seite 41 dargestellt wird.
Auch hier ist zu erkennen, dass die Erdbevölkerung („Populati-
on") ab den 1950er Jahren einen extremen Sprung nach oben
macht. Mehr Menschen auf der Erde, bedeutet dass mehr Acker-
land für die Nahrungsmittelproduktion notwendig wird, mehr
fossiler Ressourcenverbrauch zur Stromerzeugung, aber auch zur
Produktion von immer mehr Konsumgütern. Ebenso steigt der
Wasserbrauch (von blauem Wasser, also Trinkwasser) deutlich
an. Das reale Bruttosozialprodukt („Real GDP") explodierte
geradezu mit den 1950er Jahren. Damit vergrößerte sich die
Ungleichheit auf der Erde enorm. Der größte Teil des erzeugten
Reichtums (in Form von Kapital, also Geld) ging in die nördliche,

---

planetary future, S. 5.

[9] Angus, *Im Angesicht des Anthropozäns: Klima und Gesellschaft in der
Krise*, S. 91.

kapitalistisch entwickelte Welt sowie nach Ostasien (Japan und China). Der südliche Teil der Welt, der weniger bis gar nicht entwickelte Kapitalismus, verarmte immer weiter. Die Situation verschlechterte sich in den letzten Jahrzehnten dramatisch, da immer mehr Menschen auf der Welt den nördlichen, kapitalistischen Lebensstil, mit seinem extrem hohen Ressourcenverbrauch, haben wollen. Das beste Beispiel dafür ist China, dass in den letzten vierzig Jahren einen deutlichen Sprung in der kapitalistischen Entwicklung nach vorne gemacht hat. Waren früher (in den 1960er Jahren) auf den Straßen in chinesischen Städten überwiegend Fahrräder zu sehen, so sind heute die Straßen ausgebaut und die Menge der Kraftfahrzeuge unüberschaubar geworden. Und schon kämpft China mit den gleichen Probleme wie vorher Japan: die Luftverschmutzung nimmt durch den Individualverkehr extrem zu. Polizisten, und Fußgänger, sind dem Smog in den Städten hilflos ausgesetzt.

Erdwissenschaftler sind Naturwissenschaftler. Von daher betrachten sie alles aus der naturwissenschaftlichen Perspektive. Ein sozial-ökologischer, gesellschaftlicher Ansatz ist ihnen fremd. Allerdings sind die Klimaveränderungen und die Herbeiführung des Anthropozäns durch eine bestimmte gesellschaftliche Organisierung herbeigeführt worden: des Kapitalismus. Erst mit dem Aufkommen des Kapitalismus setzte der unendliche Trieb nach Vermehrung von Geld (Kapital) ein. Es ging jetzt nicht mehr darum gemeinsam die notwendigen Produkte zum Leben herzustellen. Vielmehr trat der Aspekt der unendlichen Kapitalakkumulation in den Vordergrund. Damit verbunden war der Trieb den Stoffwechselprozess des Menschen mit der Natur ebenfalls unendlich auszudehnen. Der Kapitalismus hat als inhärentes Prinzip die unendliche Aneignung und Vernutzung der Natur und der menschlichen Arbeitskraft.[10] Ob und wie die Erde dabei zerstört wird, ob sie zu einem nicht mehr lebenswerten Planeten wird, interessiert das Kapital in keinster Weise.

---

[10]Brand, *Kapitalismus am Limit: Öko-imperiale Spannungen, umkämpfte Krisenpolitik und solidarische Perspektiven*, S. 74.

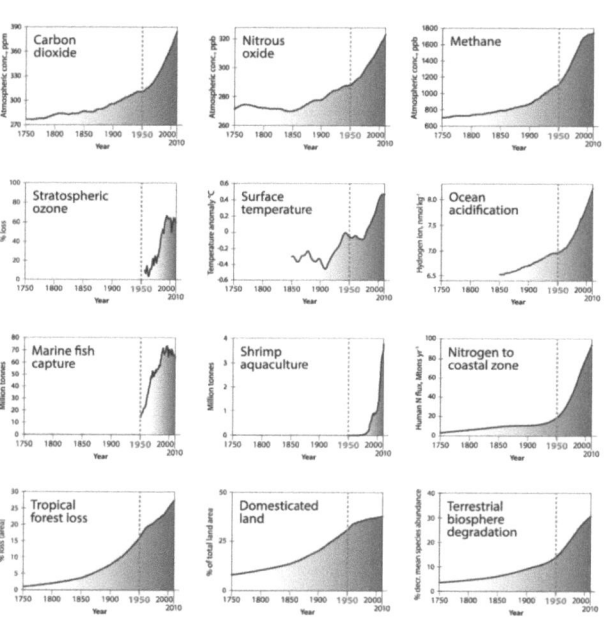

Abbildung 2.3.:
Quelle:
W. Steffen;Wendy Broadgate;L. Deutsch;O. Gaffney;C. Ludwig,
„The trajectory of the Anthropocene: The Great Acceleration"

Socio-economic trends

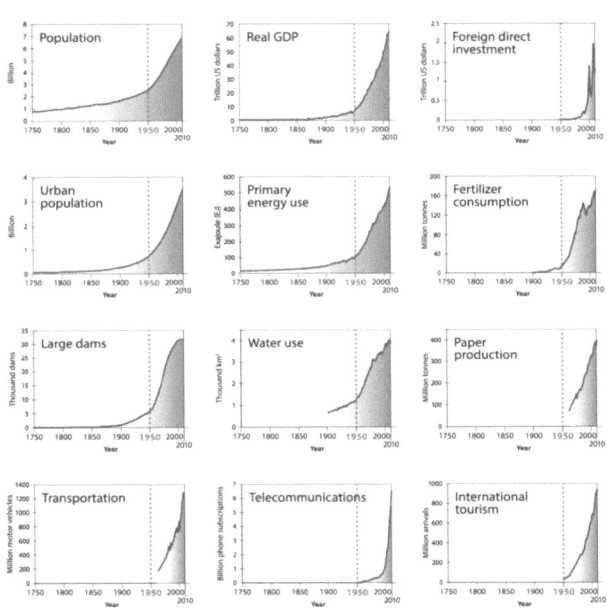

Abbildung 2.4.:
Quelle:
W. Steffen;Wendy Broadgate;L. Deutsch;O. Gaffney;C. Ludwig,
„The trajectory of the Anthropocene: The Great Acceleration"

3. Daten zur ökologischen Krise

Die Zusammenfassung von gesicherten Daten zur ökologischen Krise[1] werden in erster Instanz vom Zwischenstaatlicher Ausschuss für Klimaänderungen (IPCC) zur Verfügung gestellt. In sich zyklisch wiederholenden Reihen wird über die Entwicklung des Klimas berichtet. Für einzelne Themen werden Sonderberichte erstellt.[2] Diese Berichte stellen die einzig wissenschaftlich gesicherten Erkenntnisse über den globalen Klimawandel zur Verfügung. Und der IPCC ist da in seinen Aussagen ganz klar und deutlich: die ökologische Krise ist eine menschengemachte Krise. Das hat er in seinem Synthesebericht für den fünften Berichtszyklus klargestellt:

> „Die Belege für den Einfluss des Menschen auf das Klimasystem haben seit dem AR4 zugenommen. Einflüsse des Menschen wurden in der Erwärmung der Atmosphäre und des Ozeans, in den Veränderungen des globalen Wasserkreislaufs, im Rückgang von

---

[1]Deren sichtbarer Ausfluss die fortschreitende Klimaerwärmung ist, was zu einer unaufhaltsamen Klimaveränderung führt und damit die ökologische Krise weiter verstärkt.

[2]Für deutsche Fassungen dieser Berichte kann auf die Website https://www.de-ipcc.de/, *Deutsche IPCC-Koordinierungsstelle - de-IPCC* zurückgegriffen werden.

Schnee und Eis und im Anstieg des mittleren globalen Meeresspiegels nachgewiesen, und es ist *äußerst wahrscheinlich*, dass sie die Hauptursache der beobachteten Erwärmung seit Mitte des 20. Jahrhunderts sind."[3]

und wiederholt es noch einmal in seinem sechsten, aktuellen, Berichtszyklus:

„Es ist eindeutig, dass der Einfluss des Menschen die Atmosphäre, den Ozean und die Landflächen erwärmt hat. Es haben weitverbreitete und schnelle Veränderungen in der Atmosphäre, dem Ozean, der Kryosphäre[4] und der Biosphäre stattgefunden."[5]

Wobei aus der „äußersten Wahrscheinlichkeit" des vierten Berichtszyklus eine „eindeutige" Gewissheit für den menschengemachten Klimawandel im aktuellen Berichtszyklus geworden ist. Das wird mit umfassenden Zahlenmaterial vom IPCC belegt.

Beginnen wir mit der THG-Konzentration verschiedener Gase in der Erdatmosphäre.

„Die seit etwa 1750 beobachteten Konzentrationszunahmen gut durchmischter THG sind eindeutig durch menschliche Aktivitäten verursacht. Seit 2011 (im AR5 berücksichtigte Messungen) sind die Konzentrationen in der Atmosphäre weiter angestiegen und haben 2019 jährliche Mittelwerte von 410 Anteile pro Millionen (ppm) für Kohlendioxid CO_2, 1866

---

[3]IPPC 2014, *Klimaänderung 2014: Synthesebericht.* S. 48.

[4]die Kryospähre beinhaltet Meer-, Schelf-, Inlandeis, Gletscher, Permafrostböden

[5]https://www.de-ipcc.de/, *Deutsche IPCC-Koordinierungsstelle - de-IPCC*, S. 3.

Anteile pro Milliarde (ppb) für Methan CH_4 und 332 ppb für Lachgas (N_2O) erreicht."[6]

Wie wir schon früher gesehen haben, (vgl. Grafik 2.1 auf Seite 30) wird von einer Konzentration von 300 ppm CO_2 in der Atmosphäre ausgegangen um ein stabiles Klimaregime auf der Erde aufrecht zu erhalten. Für CO_2 ist in 2019 schon ein Mittelwert von 410 ppm in der Atmosphäre erreicht. Damit ist das Klimaregime der Erde aus dem Gleichgewicht gebracht und führt zu den immer häufiger auftretenden Extremwetterereignissen.

Das gleiche gilt für die Konzentrationen des gemessenen Treibhausgas.

> „Im Jahr 2019 waren die atmosphärischen CO_2-Konzentrationen so hoch wie seit mindestens 2 Millionen Jahren nicht mehr (hohes Vertrauen), und die Konzentrationen von CH_4 und N_2O waren so hoch wie seit mindestens 800 000 Jahren nicht mehr (sehr hohes Vertrauen). Seit 1750 übertreffen die Anstiege der CO_2- (47 %) und CH_4-Konzentrationen (156 %) bei weitem die natürlichen, über Jahrtausende ablaufenden Veränderungen zwischen Eis- und Warmzeiten der mindestens letzten 800 000 Jahre (sehr hohes Vertrauen), während der Anstieg von N_2O (23 %) diesen Veränderungen ähnlich ist."[7]

Hier ist deutlich zu sehen, dass die natürlichen Klimakreisläufe nachhaltig durch den Menschen gestört wurden. Die steigenden THG–Konzentrationen tragen einen großen Teil zur Klimaerwärmung bei. Dies zeigt die Grafik 3.1 auf Seite 46. Deutlich sind

---

[6]Ebd., S. 3.
[7]Ebd., S. 7.

Die beobachtete Erwärmung ist auf Emissionen aus menschlichen Aktivitäten zurückzuführen, wobei die Erwärmung durch Treibhausgase teilweise von der Abkühlung durch Aerosole überdeckt wird

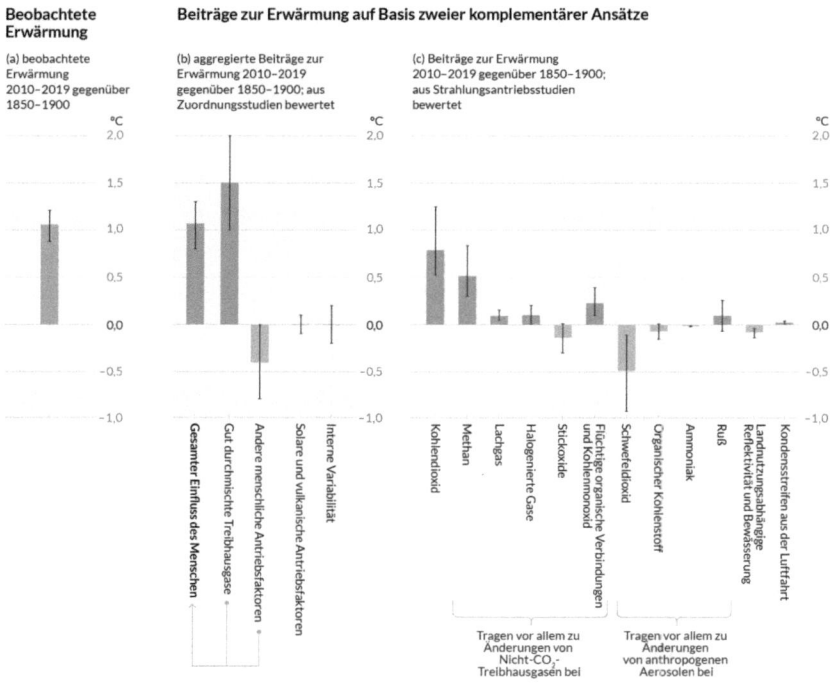

AR6-WGI Abbildung SPM.2

Abbildung 3.1.:
Quelle: https://www.de-ipcc.de/, *Deutsche IPCC-Koordinierungsstelle - de-IPCC*, S. 6

hier die Verursacher der Klimaerwärmung zu sehen, insbesondere der menschliche Einfluss auf die Erwärmung.

Um zu unserem „infamous hockeystick" zurück zu kommen.

Auch dieser lässt sich einer Grafik des IPCC erkennen. Die Grafik 3.2 auf Seite 47 zeigt die Klimaerwärmung von 1850 bis heute - mit menschlichen Einfluss und ohne diesen. Und hier ist der

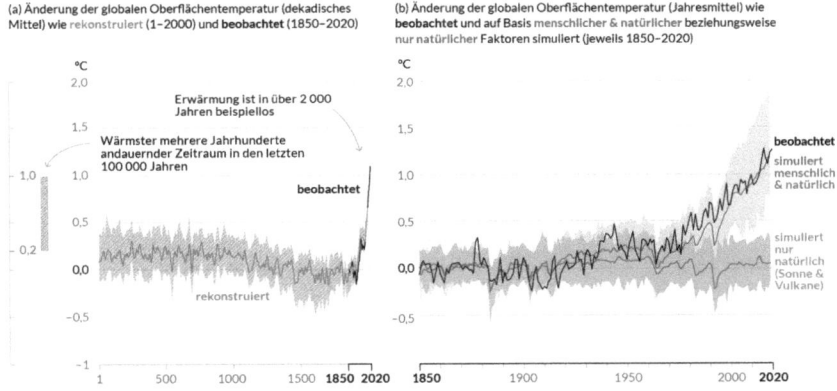

AR6-WGI Abbildung SPM.1

Abbildung 3.2.:
Quelle: https://www.de-ipcc.de/, *Deutsche IPCC-Koordinierungsstelle - de-IPCC*, S. 5

„Hockeystick" in den letzten Jahren seit 1850 deutlich zu erkennen. Seit dieser Zeit ist die Erwärmung der Erdoberfläche extrem gestiegen; und es ist kein Ende abzusehen. Kein Ende deswegen, weil die Emissionen von Treibhausgas nicht zurückgehen, sondern weiter ungebremst ansteigen.

„Die Zunahme der anthropogenen Emissionen hat

sich seit 1990 bei allen Hauptgruppen von Treibhausgasen fortgesetzt, wenn auch mit unterschiedlichen Geschwindigkeiten. Bis 2019 war der größte Zuwachs an absoluten Emissionen bei CO_2 aus fossilen Brennstoffen und der Industrie zu verzeichnen, gefolgt von CH_4, während der größte relative Zuwachs bei fluorierten Gasen zu verzeichnen war, ausgehend von niedrigen Werten im Jahr 1990 (hohes Vertrauen).“[8]

Das gleiche Bild zeigt sich bei Betrachtung der Mengenverhältnisse und deren Steigerungsraten.

„Die historischen kumulierten Netto-CO_2-Emissionen von 1850 bis 2019 betragen 2 400 ± 240 Gt CO_2 (hohes Vertrauen). Davon entstand mehr als die Hälfte (58 %) zwischen 1850 und 1989 [1 400 ± 195 Gt CO_2], und etwa 42 % zwischen 1990 und 2019 [1 000 ± 90 Gt CO_2]. Etwa 17 % der historischen kumulierten Netto-CO_2-Emissionen seit 1850 entstanden zwischen 2010 und 2019 [410 ± 30 Gt CO_2].“[9]

Hier wird aufgezeigt, dass der größte Anteil der CO_2-Emissionen in der Zeit zwischen 1850 und 1989 in die Atmosphäre emittiert wurden, und ein etwas kleinerer Anteil in der Zeit zwischen 1990 und 2019. Das bedeutet, dass der sich entwickelnde Kapitalismus ab 1850 auf Kohleverbrennung umgestiegen ist. Dies deckt sich damit, dass ab diesem Zeitpunkt vermehrt Dampfmaschinen in

---

[8]IPCC, *Zusammenfassung für die politische Entscheidungsfindung. In: Klimawandel 2022: "Minderung des Klimawandels". Beitrag der Arbeitsgruppe III zum Sechsten IPCC-Sachstandsbericht des Zwischenstaatlichen Ausschusses für Klimaänderungen*, S. 10.
[9]Ebd., S. 10.

den Fabriken, zum Antrieb der großen Maschinerie, eingesetzt wurden. Diese benötigten einen erhöhten Input von Kohlen und erzeugten einen immer weiter steigenden Output an CO_2. Das Umschwenken von Kohle auf Öl als neue Ressourcen, hat nicht dazu geführt dass die CO_2-Emissionen sanken, sondern weiter zunahmen. Die Erdatmosphäre wurde als kostenlose Senke zur Entsorgung von CO_2 genutzt.

Ein gleiches Bild zeigt sich, wenn die CO_2-Budgets betrachtet werden:

„Der Median von Berechnungen des ab 2020 verbleibenden CO_2-Budgets für die Begrenzung der Erwärmung auf 1,5 °C mit einer Wahrscheinlichkeit von 50 % liegt derzeit bei 500 Gt CO_2 und für eine Wahrscheinlichkeit von 67 % die Erwärmung auf 2 °C zu begrenzen, bei 1 150 Gt CO_2. Die verbleibenden CO_2-Budgets hängen von dem Ausmaß der Emissionsminderung bei anderen klimawirksamen Substanzen als CO_2 ab ($\pm$ 220 Gt CO_2) und unterliegen außerdem geophysikalischen Unsicherheiten. Vergleicht man ausschließlich auf den Medianen der Berechnungen basierend, entsprechen die kumulierten Netto-CO_2-Emissionen zwischen 2010 und 2019 etwa vier Fünfteln des ab 2020 verbleibenden CO_2-Budgets für eine Wahrscheinlichkeit von 50 %, die globale Erwärmung auf 1,5 °C zu begrenzen, und etwa einem Drittel des verbleibenden CO_2-Budgets für eine Wahrscheinlichkeit von 67 %, die globale Erwärmung auf 2 °C zu begrenzen. Selbst wenn man die Unsicherheiten berücksichtigt, machen die historischen Emissionen zwischen 1850 und 2019 einen großen Teil des gesamten CO_2-Budgets für diese globalen Erwärmungsniveaus aus."[10]

Hier werden vom IPPC die CO_2-Budgets betrachtet, wenn die Klimaerwärmung auf 1,5 °C begrenzt werden soll. Gleichzeitig werden Wahrscheinlichkeiten hinzugezogen. Übersetzt bedeutet dies: wenn die Klimaerwärmung auf 1,5 °C bei einer 50 %igen Eintrittswahrscheinlichkeit liegen soll, dann steht noch ein CO_2 Budget von derzeit 500 Gt zur Verfügung. 500 Gt freies CO_2-Budget! Das ist für kapitalistische Gesellschaften ein extrem niedriger Wert.

Das „Global Carbon Project"[11] zeigt den Verlauf des CO_2-Budgets über die Jahrzehnte in der Grafik 3.3 auf Seite 51. Der Ausstoß an CO_2 hat sich über die Jahrzehnte betrachtet, immer nur erhöht. Kleinere Dellen gab es immer dann, wenn globale Krisen auf der Tagesordnung des Kapitalismus standen und damit die Produktion eingeschränkt oder vollständig eingestellt werden musste. Auf Basis dieser Zahlen kann davon ausgegangen werden, dass bei einer Beibehaltung des jetzigen „immer weiter so wie bisher", also des sich immer weiter ausbreitenden Kapitalismus, die vereinbarten Ziele von 1,5 °C nicht eingehalten werden können. Der IPCC kommt zu einer gleichen Schlußfolgerung bei der Betrachtung des CO_2-Ausstoßes. Die Grafik 3.4 auf Seite 52 zeigt, dass, trotz aller Anstrengungen zur Reduzierung der CO_2-Emissionen diese und die Treibhausgase weiter und weiter ansteigen.

Die globalen Treiber für die immer weiter steigenden Emissionen sind das Dogma des kapitalistischen Wirtschaftswachstums,

---

[10]IPCC, *Zusammenfassung für die politische Entscheidungsfindung. In: Klimawandel 2022: "Minderung des Klimawandels". Beitrag der Arbeitsgruppe III zum Sechsten IPCC-Sachstandsbericht des Zwischenstaatlichen Ausschusses für Klimaänderungen*, S. 10.

[11]https://www.globalcarbonproject.org

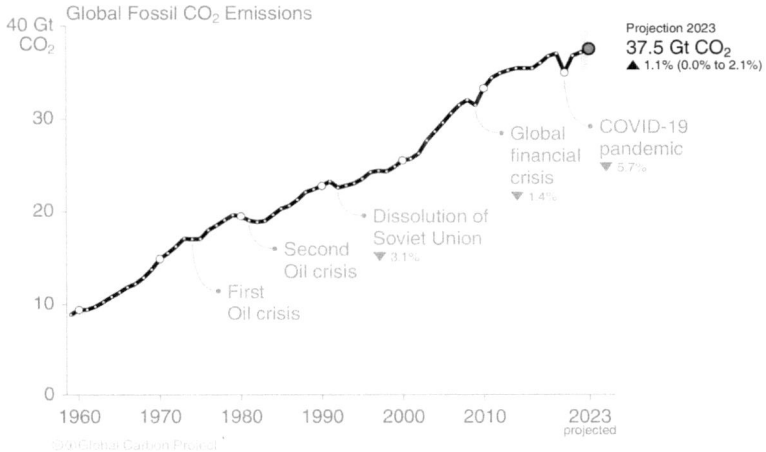

Abbildung 3.3.:
Quelle: https://www.globalcarbonproject.org

verbunden mit dem ungebremsten Bevölkerungswachstum und damit der immer höhere, ungebremste Verbrauch von fossilen Brennstoffen.[12] Eine Lösung zur Reduzierung der Emissionen besteht nur in einer radikalen Senkung der Emissionen, und zwar sofort. Nur damit wäre es noch möglich, das 1,5 °C Ziel zu erreichen. Leider auch nicht sofort und in den nächsten Jahren, sondern in den nächsten Jahrzehnten. Dies zeigt der IPCC in der Grafik 3.5 auf Seite 56. Auch hier ist das Szenario deutlich zu erkennen: ohne eine radikale Begrenzung der Treibhausgasemissionen wird sich die ökologische Krise deutlich verschlechtern. Was auf dieser Grafik ebenfalls sehr gut erkennbar ist: die bis

---

[12]„Auf globaler Ebene bleiben Wirtschafts- und Bevölkerungswachstum die wichtigsten Treiber für den Anstieg von CO_2-Emissionen aus der Nutzung fossiler Brennstoffe." IPPC 2014, *Klimaänderung 2014: Synthesebericht.* S. 47

51

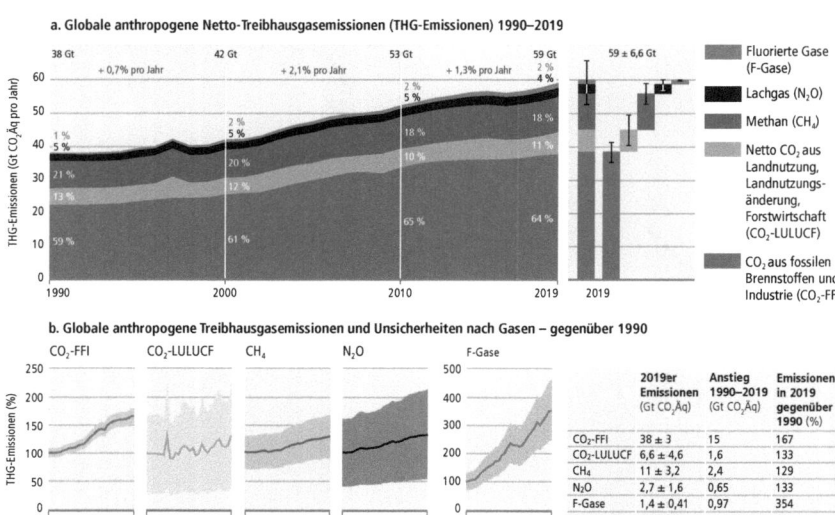

Abbildung 3.4.:
Quelle: https://www.de-ipcc.de/, *Deutsche
IPCC-Koordinierungsstelle - de-IPCC*, S. 5

jetzt ergriffenen politischen Maßnahmen zur Begrenzung der
Emissionen, sind nicht ausreichend um das Klimaziel von 1,5
°C zu erreichen. Auch für die nächsten vierzig bis achtzig Jahre
nicht. In diesem Sinne hat Fridays for Future recht, wenn sie die
Politik auffordern sich an die vereinbarten Klimaziele zu halten.
Aus den Daten ist ersichtlich, dass dies nicht der Fall ist.

Hannah Ritchie und Max Roser haben in einem Artikel für
die Website „Our World in Data"[13] ganz deutlich die jährlichen

---

[13]https://ourworldindata.org

CO$_2$-Emissionen (absolut in Milliarden Tonnen) von 1750 bis 2022 aufgezeigt. Die Grafik 3.6 auf Seite 57 zeigt das Ergebnis der Untersuchung. Auch hier wieder das gleiche Ergebnis: die CO$_2$-Emissionen zu Beginn des Kapitalismus bis gegen 1950 bewegten sich in einem akzeptablen Maß. Ab 1950 setzte dann, wie schon beschrieben, die „Große Beschleunigung" ein und die CO$_2$-Emissionen schossen durch die Decke. Hier ist der „infamous hockeystick" deutlich zu erkennen und auch nicht wegzuleugnen.

Es ist nicht abzusehen, dass sich die CO$_2$-Emissionen innerhalb der kapitalistischen Weltwirtschaft von alleine reduzieren werden. Um die CO$_2$-Emissionen so zu senken, dass das 1,5 °C Ziel eingehalten werden kann, sind drastische Änderungen notwendig. Dazu gehört die umgehende und massive Absenkung des CO$_2$-Ausstoßes, und zwar weltweit. Wobei hier zu sehen ist, dass die Weltregionen unterschiedlich behandelt werden müssen. Die höchsten Treibhausgasemissionen werden durch die Regionen verursacht, in denen das höchste Bruttoinlandproukt (BIP) erwirtschaftet wird. Was bedeutet, dass die kapitalistischen Ländern des Nordens und in Ostasien den höchsten Anteil an den Treibhausgasemissionen haben. Das bezieht sich nicht nur auf die aktuellen Daten, sondern auch die historischen Emissionen entstanden in den sog. entwickelten kapitalistischen Ländern. Die Peripherie, also der südliche Weltteil, bekannt unter dem Namen „Entwicklungsländer" weisen deutlich geringere Treibhausgasemissionen auf. Eine Ausnahme ist hier Ostasien, insbesondere China. Durch die stürmische Entwicklung Chinas zu einem kapitalistisch orientierten Wirtschaftssystem, ist hier der Anteil der Treibhausgasemissionen über denjenigen der westlichen kapitalistischen Welt gestiegen.[14] Die „entwickelten kapita-

---

[14]IPCC, *Zusammenfassung für die politische Entscheidungsfindung. In: Klimawandel 2022: "Minderung des Klimawandels". Beitrag der Arbeits-*

listischen Länder" (oder Regionen) sind damit in der Pflicht, ihre Emissionen deutlich stärker zu reduzieren. Die Forderung der kapitalistischen Welt, wenn sie reduzieren sollen, sollen auch alle anderen Ländern reduzieren, zieht nicht. Dies führt nur dazu, dass die notwendige radikale Reduktion der Emissionen immer weiter nach hinten geschoben wird.

Das Zeitfenster in dem eine Entwicklung möglich ist ohne weitere Schäden an der Umwelt anzurichten, schließt sich mit enormer Geschwindigkeit. Der IPCC zeigt dies in der Grafik 3.7 auf Seite 58. Der IPCC zeigt die Entwicklung bis zum Jahr 2100 und danach. Wobei sein Ziel eher im Jahr 2030 liegt. Der IPCC geht davon aus, dass die Erwärmung auf 1,5 °C erreicht wird. Dann wäre alles schön. Die Emissionen sind stark zurück gegangen; es hat eine globale Transformation der Gesellschaften zu nachhaltig orientierten Gesellschaften stattgefunden; eine globale Gleichstellung und Gerechtigkeit herrscht, sprich: alle Menschen begegnen sich auf Augenhöhe. Alle anderen Szenarien führen zu immer weiter steigenden Risiken hinsichtlich des Klimas, der Ökosysteme und fehlerhaften Anpassungen an den Klimawandel.

Allerdings sollte dieses Ziel skeptisch betrachtet werden. Der IPCC ist eine Organisation die fest und tief in der Mainstreamwissenschaft verankert ist und entsprechend handelt. Das 1,5 °C bzw. das 2 °C Ziel ist von William Nordhaus auf Grundlage einer einfachen Kosten-Nutzen-Analyse ermittelt worden. Es ging um die prognostizierten Auswirkungen der Klimakrise und deren Einfluss auf die weltweite Ökonomie. Auf dieser Basis bewegt sich seit Jahrzehnten die Darstellung und Bearbeitung der Klimakrise, einschließlich der Darstellungen des IPCC. Das sind die impliziten Voraussetzungen für die Berechnungen und der

---

gruppe III zum Sechsten IPCC-Sachstandsbericht des Zwischenstaatlichen Ausschusses für Klimaänderungen, Vgl. S. 14.

Vorschläge des IPCC zur Bearbeitung der ökologischen Krise.[15]

Die Beschreibung und Darstellung der Daten könnte unendlich weiter geführt werden. Hier soll es aber jetzt genug sein. Erkennbar ist: der „immer weiter so" Prozess führt in die Ausweitung der ökologischen Krise. Die Politik ist nicht bereit über andere Möglichkeiten des Produzierens von Produkten nachzudenken, geschweige denn dies umzusetzen. Letztlich würde dies bedeuten, dass der Konsum von Rohstoffen ebenso wie der gesellschaftliche Konsum deutlich reduziert werden muss um eine lebensfähige Umwelt zu erhalten. Dazu sehen sich Politiker weltweit nicht in der Lage. Alternativen sind ebenfalls nicht in Sicht. Ganz im Gegenteil: es erfolgt eher eine Abschottung der kapitalistischen Ländern und eine Verlagerung schmutziger, umweltschädlicher Produktion in die Peripherie. So kann gesagt werden, dass „wir" (die kapitalistischen Ländern) auf dem besten Wege sind carbonfrei zu werden. Der südliche Teil der Welt (und Teile von Ostasien) sollen sich dann mal anstrengen um das ebenfalls zu erreichen, was der kapitalistische Norden schon erreicht hat. Das ist der Kern der imperialistischen Lebensweise, wie er zur Zeit vom kapitalistischen Norden (und ostasiatischen Ländern) verfolgt wird. eine globale Strategie um den weltweiten Kapitalismus zu zügeln ist nicht in Sichtweite.

Schauen wir im nächsten Kapitel, wie die kapitalistischen Länder sich innerhalb des gesetzten Rahmens der Mainstreamwissenschaft an die veränderten Umweltbedingungen durch die Etablierung eines „Grünen Kapitalismus" anzupassen versuchen.

---

[15]Für eine explizite Kritik des Einflusses der Mainstreamökonomie auf die Bearbeitung und Darstellung der ökologischen Krise vgl. Buller, *Der Wert eines Wales: Über die Illusionen des grünen Kapitalismus*, S. 35 ff.

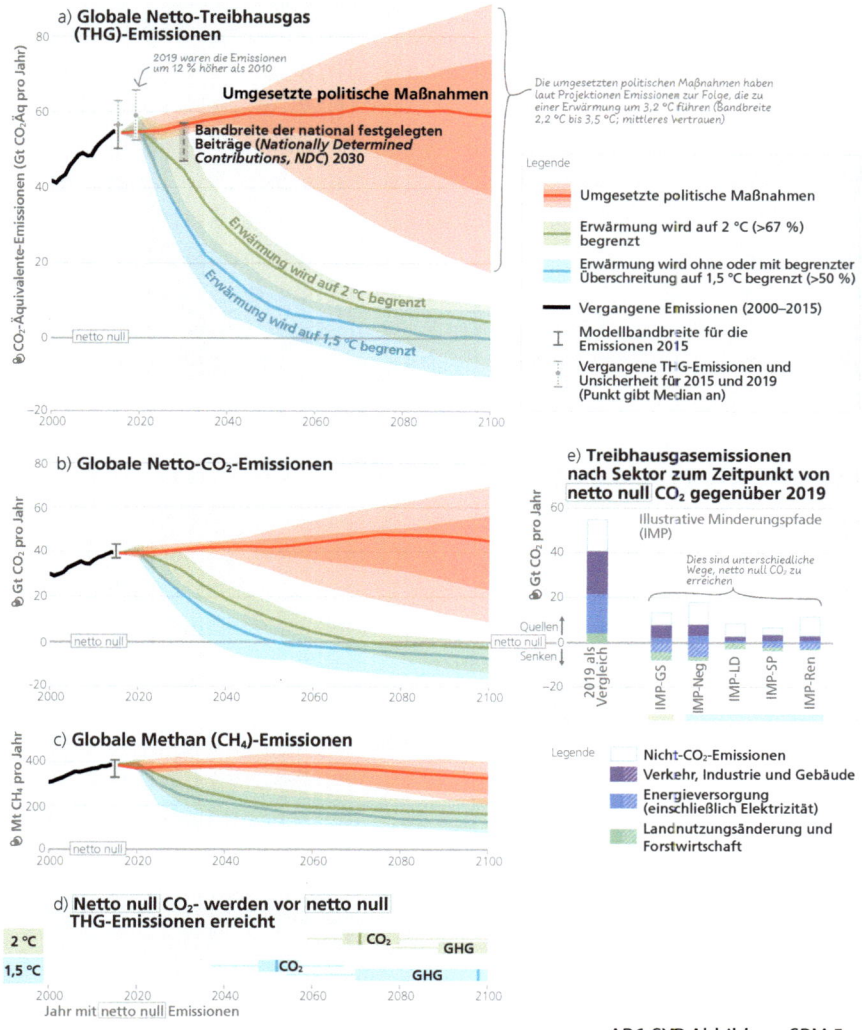

Abbildung 3.5.:
Quelle:IPCC, *Klimawandel 2023: Sytheseberich*, S. 24

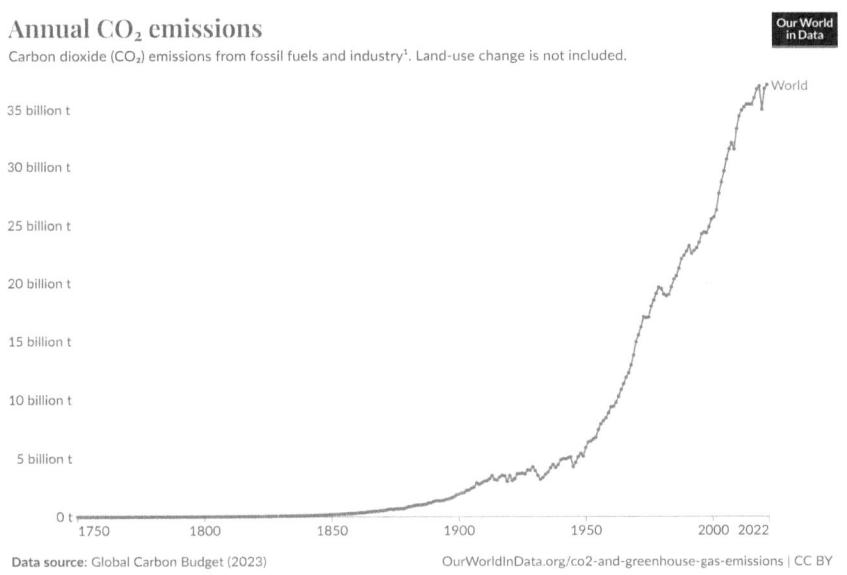

Abbildung 3.6.:
Quelle: Hannah Ritchie and Max Roser, *CO₂ Emissions*

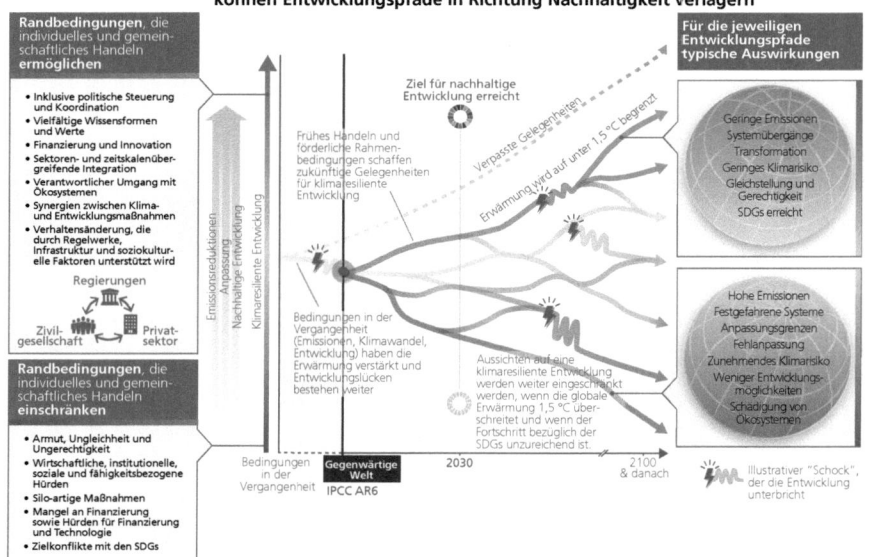

AR6-SYR Abbildung SPM.6

Abbildung 3.7.:
Quelle:IPCC, *Klimawandel 2023: Sytheseberich*, S. 27

Teil III.

Fossiler Kapitalismus wird grün - geht das?

4. Umbau zum „Grünen Kapitalismus" - alte Strukturen in alten Schläuchen

Wie im vorigen Kapitel zu sehen war, sind die wissenschaftlichen Beweise zur menschengemachten Klimaerwärmung überwältigend und schlüssig. Auch wenn nicht alle herrschende Klassen der Welt damit einverstanden sind, die Auswirkungen der physikalischen wie chemischen Veränderungen der Atmosphäre, der Landschaft, der Meere ist nicht mehr zu ignorieren. Die spannende Frage ist dann: wie wird darauf reagiert? Welche Folgerungen werden aus den festgestellten Fakten gezogen? Wird das „immer weiter so" verfolgt oder beginnt ein Umdenken in eine nachhaltige, für alle Menschen gerechte, Lebensweise? Wird das „business-as-usual" von der herrschenden Klasse bevorzugt, trotz der Gefahr einer Klimakatastrophe? Wir können heute nicht genau sagen in welche Richtung die Entwicklung gehen wird. Sicher ist, dass von der herrschenden Klasse ein „grüner Umbau" des Kapitalismus bevorzugt wird. Dies bedeutet, dass die vorhandenen fossilen Strukturen durch dekarbonisierte Strukturen ersetzt werden sollen. Die Ersetzung soll eins zu eins erfolgen. Es wird also nicht überlegt, neue Strukturen aufzubauen. Mit dem Ersatz soll des Dogma des unendlichen Wachstums, diesmal als „grünes Wachstum", erhalten bleiben und den sozialen Zusammenhalt innerhalb des kapitalistischen Systems zu erhalten. Das meint auch, dass die Über- und Unterordnungsverhältnisse, also die existierende Klassenstruktur, weiterhin erhalten bleibt. Die herrschende kapitalistische Klasse will ihre Privilegien nicht aufgeben und schon gar nicht um die Welt und den Rest der Menschheit zu retten. Wir sollten uns keine Illusionen darüber machen, dass uns diese Klasse niemals beim Kampf für einen ökologischen Sozialismus unterstützen wird.

Kann es trotzdem für die Kapitalistenklasse gelingen einen „grünen Kapitalismus" durch gesellschaftliche und politische Veränderungen zu etablieren? Gegen jeden gesellschaftlichen Widerstand? Zum heutigen Zeitpunkt sieht es nicht so aus. Die herrschenden Klasse stellt die politischen Entscheidungsträger die über unsere gemeinsame Zukunft entscheiden. Die führenden fossilen Unternehmen sind in der Lage die Meinung zu ihren Gunsten zu beeinflussen, ebenso wie die politischen Entscheidungsträger.[1] Die herrschende Wissenschaft, insbesondere das Vorherrschen neoliberalen Denkens in der Wirtschaftswissenschaft, macht die Lage nicht besser. Alternative Ansätze zu nachhaltigen Produktions- und Lebensweisen sind dünn gesät. Im Vordergrund steht hier das Wachstumsmantra, also die Verfolgung des business-as-usual. Verkleidet mit ein paar grünen Ansätzen die der Mehrheit der Gesellschaft klar machen soll: die Industrie tut etwas gegen den Klimawandel und kümmert sich um das Problem. Das ist leider meist pures „Green-Washing" der Unternehmen und führt langfristig in die Katastrophe.

---

[1]Siehe die Beschlüsse der letzten COP28 Konferenz in Dubai 2023. Dort hatte die Mineralölindustrie den Vorsitz und die Beschlüsse fielen entsprechend aus. Es war kein Fortschritt hin zu einer dekarbonisierten, nachhaltigen Welt, sondern die Verfolgung des business-as-usual.

Was also will der „Grüne Kapitalismus"? Im folgenden wollen wir untersuchen wie sich der „Grüne Kapitalismus" definiert und mit welchen Mitteln und Methoden er zum Erfolg, eine dekarbonisierte wachstumsorientierte Ökonomie, kommen will.

Der fossile Kapitalismus sieht sich multiplen Krisen gegenüber. Um nur einige zu nennen:

- **Wachstumskrise:** Die Wachstumsraten (Profitrate) in den nördlichen und ostasiatischen kapitalistischen Welt sinken langsam. Das gemessene Wirtschaftswachstum (BIP) hat deutlich an Schwung verloren. Wachstumsraten wie in den letzten 30 bis 40 Jahren sind nicht mehr möglich.

- **Soziale und politische Krise:** Der soziale Zusammenhalt in den kapitalistischen Gesellschaften zerbröselt. Die Ungleichheiten in den Einkommen und Ungerechtigkeiten nehmen verstärkt zu. Die Reichen scheinen ihr Ziel erreicht zu haben: alles was geht an sich zu ziehen und die abhängigen Menschen weiter unten zu halten mit geringen Einkommen und sozialer Deprivation. Das wirkt sich in der Politik aus: die Unzufriedenheit mit den politischen Parteien und Entscheidungsträger nimmt weiter zu, da ihnen nicht zugetraut wird die anstehenden Krisen zu managen. Daraus folgt der Aufstieg populistischer und rechtsradikaler Parteien mit einfachen Lösungsvorschlägen zur Behebung der Krise. Insbesondere geht es hier gegen Migranten und Zuwanderung. Oder, wie in den USA, „America First" und „Make America Great Again" unter Donald Trump. Aber auch in Europa streben die Gesellschaften auseinander: der bewusst von der herrschenden Klasse herbeigeführte Brexit (das Aussteigen Großbritanniens aus der EU), führte zu einer Spaltung der Gesellschaft und einer weiteren Auflösung des sozialen Zusammenhanges.

- **Krise der Wirtschaftstheorie:** die bis heute vorherr-
schende neoliberale Vorstellung einer perfekten ökonomischen Welt, die über den Preismechanismus am Markt
immer auf ein Gleichgewicht zustrebt, verliert zunehmend
an Unterstützung in der Öffentlichkeit. Die Folgen dieser
Wirtschaftspolitik sind deutlich in den multiplen Krisen zu
erkennen. Insbesondere in der Verarmung weiter Massen in
den kapitalistischen Ländern. Aber nicht nur dort. Auch
in der südlichen Welt wird zunehmend Abstand von neoliberalen Ansichten genommen, da diese zu einer weiteren
extremen Verarmung der Massen führt und die Reichen
immer reicher macht. Ebenso ist zu vermerken, dass die
wirtschaftspolitischen Instrumente (Schwerpunkt liegt hier
auf der Inflationsbekämpfung und staatlicher Sparmaßnah-
men, wie in Deutschland der grundgesetzlich verankerten
Schuldenbremse) des Neoliberalismus sich weitestgehend
erschöpft haben, obwohl sie von vielen politischen Ent-
scheidungsträgern weiterhin massiv verfolgt werden.[2]

- **Ökologische Krise:** Zur Verschärfung aller anderen Krise
tritt die ökologische Krise hinzu. Es zeigt sich, dass die
kapitalistische Produktionsweise zu einer umfassenden ökologischen Zerstörung der Welt führt. Die ungehemmte Ausbeutung fossiler Ressourcen; das nicht-beachten nachhaltiger Grundsätze bei der Wald- und Bodenbewirtschaftung;
der weiterhin ungehemmte Konsum in den kapitalistischen
Ländern, der einen extrem hohen Ressourcenverbrauch benötigt und alle daraus folgenden Resultate wie Versauerung

---

[2]Das beste Beispiel in Deutschland ist die FDP als neoliberaler Hardliner
bei der Durchsetzung wirtschaftspolitischer Instrumente des Neoliberalismus. Eine jetzt schon überholte Position, die von den Entscheidungs-
trägern der FDP nicht aufgegeben wird.

der Meere, Abschmelzen der Polkappen, Erwärmung der Atmosphäre, steigendes Emittieren von Treibhausgasen, extreme Wetterphänomene.

Alle diese Krisen werden von der herrschenden Klasse auch gesehen. Die Frage ist nur: wie werden diese Krisen von der herrschenden Klasse bearbeitet? Wird mit den alten Mitteln der Krisenbekämpfung dagegen gearbeitet oder werden neue Ansatzpunkte für die Bearbeitung gesucht?

Ein Ausgangspunkt für die systemkonforme Bearbeitung der ökologischen Krise ist eine Veröffentlichung der Organisation für wirtschaftliche Zusammenarbeit und Entwicklung: „Beyon Growth: Towards a New Economic Approach, New Approaches to Economic challenges" von 2020, der von der Heinrich-Böll-Stiftung in einer deutschen Fassung vorgelegt wurde.[3] Eine Einschränkung muss sofort gemacht werden. Die OECD beschränkt sich weitestgehend auf die OECD-Länder: also den entwickelten kapitalistischen Staaten im Norden der Welt und in Ostasien. Der Süden der Welt, aus Sicht der OECD die sich entwickelnden Staaten, werden weitestgehend aus der Betrachtung ausgeblendet. Es muss also im Hinterkopf behalten werden, dass wir hier über die reichsten Länder der Welt sprechen. Eine weitere Einschränkung folgt sofort: die OECD ist eine Organisation die sich auf die ökonomische Entwicklung, und damit auf die herrschende ökonomische Theorie, stützt. Es sollten damit keine radikalen Vorschläge für Änderungen erwartet werden, sondern eher eine Darstellung die sich innerhalb des kapitalistischen Systems bewegt. Das werden wir im folgenden genauer betrachten.

Auf den ersten Seiten des Berichtes werden die notwendigen Ziele für den neuen ökonomischen Ansatz beschrieben. Schauen

---

[3] *Jenseits des Wachstums - auf dem Weg zu einem neuen ökonomischen Ansatz.*

wir etwas genauer hin:

„(...)

- der ökologischen Nachhaltigkeit - verstanden
  als ein Weg zu einer schnellen Reduzierung von
  Treibhausgasemissionen und damit zu einer Verhinderung weiterer Umweltzerstörung und ka-
  tastrophaler Schäden, verbunden mit stabilen
  und gesunden Ökosystemdienstleistungen;

- dem steigenden Wohlbefinden - verstanden als
  einem höheren Maß an Lebenszufriedenheit der
  einzelnen Menschen und als zunehmenden Ge-
  fühl, dass sich die Lebensqualität und der Zustand der Gesellschaft als Ganzes verbessern;

- der abnehmenden Ungleichheit - verstanden
  als Verkleinerung der Kluft zwischen den Einkommen bzw. dem Vermögen der reichsten und
  der ärmsten Bevölkerungsgruppen einer Gesellschaft (...);

- der Widerstandskraft des Systems - verstanden
  als die Fähigkeit von Volkswirtschaften, finanzi-
  ellen, ökologischen oder anderen Schocks ohne
  katastrophale und systemweite Auswirkungen
  standzuhalten.

Länder, die sich um die Erreichung dieser Ziele be-
mühen, statt Wachstum als absolut vorrangiges Ziel
zu erachten, werden eine ausgewogenere wirtschaftliche und soziale Entwicklung erleben - mit besseren
Ergebnissen für heutige und zukünftige Generationen.“[4]

---

[4]*Jenseits des Wachstums - auf dem Weg zu einem neuen ökonomischen*

Im Vordergrund der Betrachtung steht die Reduzierung der Treibhausgasemissionen, verbunden mit Ökosystemdienstleistungen. Ökosystemdienstleistungen sind definiert als die Vorteile, die Menschen von den Ökosystemen beziehen, z.B. sauberes Wasser durch die natürliche Filtration. Wie diese mit der Senkung von Treibhausgasemissionen verbunden werden kann, bleibt unklar. Auch die Formulierung der „schnellen Reduzierung" wird nicht weiter ausgeführt. Pläne der entwickelten Volkswirtschaften im Norden bewegen sich für einen Kohleaustieg zwischen 2025 bis 2035 - also ein deutlich zu langer Zeitraum für die radikale Senkung von CO_2 und damit der Verbesserung der Umwelt. Das „steigende Wohlbefinden" sowie die „Widerstandskraft des Systems" ergeben sich als Folgen aus der Verbesserung der „ökologischen Nachhaltigkeit". Die „abnehmende Ungleichheit" ist ein soziales Ziel, das in keinem Zusammenhang mit der ökologischen Verbesserung des Systems steht. Wobei System hier immer als Kapitalismus zu interpretieren ist. Wie aus der Historie ersichtlich, tendiert der Kapitalismus nicht unbedingt zu Gleichheit, sondern eher zur Vertiefung der Klassengegensätze, wie der Verschärfung der Gegensätze zwischen Arm und Reich.[5] Alles das führt die OECD dazu, den herrschenden Kapitalismus nicht in Frage zu stellen. Es wird vielmehr versucht eine ideologische Erklärung für den, aus Sicht der Kapitalistenklasse, notwendigen grünen Umbau des Kapitalismus zu liefern. Der Versuch, die vorhandenen Strukturen grün zu machen, muss fehlschlagen. Wird das Paradigma des unendlichen Wachstums so weiter verfolgt, wird auch ein „grüner" Umbau in die ökologische Katastrophe

---

Ansatz, S. 10.

[5]Wie die Ungleichheit sich entwickelt hat lässt sich bei Thomas Piketty sehr gut nachvollziehen: Piketty, *Das Kapital im 21. Jahrhundert*, ebenso wie sich die Ungleichheiten vertiefen und permanent ausgeweitet werden von der herrschenden Klasse: Piketty, *Eine kurze Geschichte der Gleichheit*

führen.

Einen weiteren Versuch, und einen wesentlichen erfolgreicheren als die OECD, den Kapitalismus in eine grüne Richtung zu bringen, lieferte das Wuppertal Institut. Vom Institut wurden zwei Studien veröffentlicht: die erste in 1996[6] und die Nachfolgestudie in 2008.[7] Beide Studien beschäftigen sich in erster Linie mit Deutschland. Es werden Strategien entwickelt wie die deutsche Ökonomie (der deutsche Kapitalismus) in einen grünen Kapitalismus umgebaut werden kann. Seit 1995 liegen die Vorschläge des Instituts auf dem Tisch und lösten eine umfassende und langanhaltende Diskussion über die Veränderung der kapitalistischen Ökonomie hin zu einer carbonfreien Ökonomie aus.

In der ersten Studie werden vom Wuppertal Institut die Maßstäbe festgelegt, anhand derer die ökologische Krise gemessen werden kann. Dies sind das Konzept des Umweltraumes, innerhalb dessen sich die Ökonomie bewegt. Damit beschränkt sich die Betrachtung auf einen abgegrenzten Teilraum innerhalb einer komplexen Gesellschaft, hier die Ökonomie. Im weiteren werden Umweltindikatoren für den Umweltraum festgelegt. Dabei wird sich an dem von der OECD definierten „Pressure-State-Response-Modell"[8] orientiert. Diese Indikatoren können gemessen werden und dann entsprechend beeinflusst um die ökologische Krise zu bearbeiten. Aus dem Umweltraum und den Umweltindikatoren werden „Umweltziele" abgeleitet. Diese Umweltziele müssen von der Politik der Ökonomie vorgegeben werden. Anhand der Vorgaben kann dann retrograd überprüft werden ob die Ziele erreicht

---

[6] *Zukunftsfähiges Deutschland: Ein Beitrag zu einer global nachhaltigen Entwicklung.*

[7] *Zukunftsfähiges Deutschland in einer globalisierten Welt: Ein Anstoß zur gesellschaftlichen Debatte.*

[8] *Zukunftsfähiges Deutschland: Ein Beitrag zu einer global nachhaltigen Entwicklung,* S. 40f.

wurden.[9] Auf dieser Basis werden „Leitbilder" für den sorgsamen Umgang mit der Umwelt heraus gearbeitet. Letztlich soll sich die kapitalistische Gesellschaft an diesen Leitbildern orientieren um zu einer nachhaltigen Lebensweise zu kommen. Die Leitbilder beziehen sich

- auf den Individualverkehr,

- auf den Umbau des Marktes zu einem grünen Markt,

- die Veränderung der Produktionsprozesse hin zu einer Kreislaufwirtschaft,

- die Etablierung eines nachhaltigen Konsums bei den Konsumenten,

- den Umbau der Infrastruktur,

- die ökologische Ausrichtung der Landwirtschaft,

- die Städte wieder lebenswert für die Menschen zu gestalten,

- und nicht zu vergessen: die Etablierung einer internationalen Gerechtigkeit und einer globalen Nachbarschaft.[10]

Auf alle diese einzelnen Punkte einzugehen, sprengt den Rahmen dieser Schrift. Für uns ist der zweite und dritte Punkt ausschlaggebend, deswegen betrachten wird nur diese beiden Punkte. Die anderen Punkte werden nicht unterschlagen, denn für einen ökologischen Umbau sind alle Punkte wichtig.

---

[9]Siehe die Tabelle in ebd., S. 80
[10]Ebd., vgl. Kap. 4.

1. In der Studie des Wuppertal Instituts wird von einem Marktversagen ausgegangen. Grundsätzlich reagiert der Markt in ökologischer Hinsicht falsch. Deswegen müssen staatliche Interventionen eingesetzt werden: insbesondere zielt der Eingriff auf den Abbau von unsinnigen Subventionen.[11] Diese sollen umgelenkt werden in ökologisch sinnvolle Subventionen die sich am Verursacherprinzip orientieren.[12] Ebenso soll der Energiesektor dahingehend umgebaut werden, dass Energie lokal erzeugt wird (Sonnenkollektoren, Windenergie). Das Quasi-Monopol der Versorgungsunternehmen soll damit beseitigt werden. Ein weiteres Instrument in diesem Baukasten: das Steuersystem soll zu einem ökologischen Steuersystem umgebaut werden. Dabei werden ökologische Investitionen steuerlich gefördert, während nicht-ökologische Investitionen steuerlich bestraft werden. Zusammengefasst wird das ganze Bündel vom Institut folgendermaßen:

> „Eine ökologisch orientierte Subventionspolitik enthielte also drei Elemente:
>
> den Abbau umweltschädigender Subventionen,
>
> die ökologische Umgestaltung gerechtfertigter

---

[11]Wobei nicht gesagt wird, worin diese unsinnigen Subventionen bestehen. Vielleicht denkt das Institut hier an Kohlesubventionen oder staatliche Gelder für Atomkraftwerke.

[12]auch hier bleibt offen, was sinnvolle, am Verursacherprinzip orientierte Subventionen sein sollen. Sind das Subventionen wenn ein Unternehmen auf erneuerbare Energien umstellt? Eine allgemeine Subvention für die Errichtung von Windrädern oder Solaranlagen? Und wie kommt hier das Verursacherprinzip zum Tragen? Wird sich streng am Verursacherprinzip orientiert, dann könnte auch ein Chemieunternehmen sinnvolle Subventionen erhalten, wenn es Reinigungsanlagen baut, die die giftigen Abfälle aus der Produktion umwandelt in ungiftigen Dünger.

Subventionen und

die Bereitstellung neuer, zeitlich begrenzter und degressiver Fördermittel."[13]

Damit kommt das Institut zu der Schlussfolgerung, dass die Marktwirtschaft ökologisch durch Staatseingriffe umgebaut werden kann.

> „Eine Ökologisierung der Marktwirtschaft hat stets zwei Dimensionen zu umfassen: die Domestizierung marktwirtschaftlicher Mechanismen einerseits und ihre ökologisch zuträgliche Entfaltung andererseits."[14]

2. Bei der Betrachtung des kapitalistischen Produktionsprozesses geht das Institut von einem „zyklischen Produktionsprozess" aus. Dieser beschreibt eine ökologische Produktionsweise die auf langlebige Gebrauchsgüter ausgelegt ist und möglichst alles (was möglich ist an Stoffen) recycelt. Ebenso wird angestrebt den Input an Stoffen zur Produktion deutlich zu minimieren. Dazu müssen die Produkte schon in der Entwicklung so konzipiert werden dass sie reparaturfähig, recyclebar und möglichst mit dem geringsten Materialaufwand hergestellt werden können. Das ist die Vision des Institutes. Andere nennen das „Kreislaufwirtschaft" Das Institut erkennt schon richtig, dass die herrschende kapitalistische Produktionsweise mit ihren zerstörerischen Folgen das Hauptproblem darstellt. Allerdings sind die Schlussfolgerungen die daraus gezogen werden, aus unserer Sicht die falschen.

---

[13] *Zukunftsfähiges Deutschland: Ein Beitrag zu einer global nachhaltigen Entwicklung*, S. 177.
[14] Ebd., S. 169.

> „Die gegenwärtige Wirtschaftsweise ist das zentrale Problem. Die wirtschaftlichen Institutionen sind auf der ganzen Welt die mächtigsten Kräfte. Deshalb können nur mit ihnen die notwendigen Veränderungen herbeigeführt werden. (...) *Dematerialisierung* und *„industrielle Ökologie"* sind dafür die wichtigsten Stichworte."[15]

Damit setzt das Institut auf eine immanente Veränderung getrieben durch die herrschende kapitalistische Klasse. Es setzt auf die Einsichtsfähigkeit der herrschenden Klasse und deren Willen zur Veränderung. Dabei unterschlägt es, dass der kapitalistische Produktionsprozess ausschließlich zur endlosen Profiterzielung eingerichtet ist. Wenn ein ökologischer Umbau der Produktion nicht profitträchtig ist, dann wird er auch nicht vorgenommen, sondern der alte Prozess wird beibehalten.

Für das Institut sind auf dieser Basis ein ökologischer Umbau der deutschen Industriegesellschaft erreichbar.

> „Die vorgestellten quantitativen Umweltziele sind erreichbar. Die Szenarioanalysen verdeutlichen, daß bereits mit einer offensiven Energie- und Verkehrspolitik wesentliche mittelfristige Ziele zum Klimaschutz und zur Absenkung des Umsatzes von Energieträgern und anderen Stoffen verwirklicht werden können. Für ein zukunftsfähiges Deutschland ist dies jedoch nicht ausreichend. Erst mit einer Strategie die auf neue Leitbilder setzt und die einen umfassenden Strukturwandel einleitet, können auch konfliktträchtige Ziele

---

[15] *Zukunftsfähiges Deutschland: Ein Beitrag zu einer global nachhaltigen Entwicklung*, S. 191.

wie die Stabilisierung der Flächennutzung und die langfristigen Umweltziele erreicht werden. (...) Wenn bereits aus heutiger Perspektive mit Maßnahmen in diesen Bereichen Reduktionspotentiale beispielsweise für CO_2 von mehr als 60 Prozent bis zum Jahr 2020 nachgewiesen werden können, liegen die Defizite offensichtlich weniger in Wissenschaft und Technik als vielmehr in der Politik und in der zaghaften Umsetzung."[16]

Wie schön für das Institut: werden die quantifizierbaren Ziele nicht erreicht, hat die Politik zu wenig dafür getan. Die Frage stellt sich hier, in welcher Welt lebt das Institut? Politik besteht aus Machtkämpfen innerhalb der herrschenden Klasse. Der Grundtrieb des Kapitals ist es einen möglichst hohen Profit zu erzielen; während der Grundtrieb der Politik darin bestehen sollte, den höchstmöglichen Reichtum für die Gesellschaft zu erreichen. Zwei deutlich widersprüchliche Ziele die im demokratischen Prozess innerhalb der herrschenden Klasse ausgekämpft werden. Für den klaren Vorteil auf Seiten der Kapitalistenklasse, da diese den materiellen Reichtum der Gesellschaft in Händen halten. Da hilft auch kein Wunschdenken des Institutes. Die herrschende Klasse in Deutschland ist im Moment nicht daran interessiert die Produktion (und damit die Gesellschaft) auf einen ökologischen Pfad zu bringen. Auch wenn sich das Einzelne wünschen. Dieser Ansatz wird dann vom Institut selbst relativiert:

„Entscheidend ist das Vermögen, im internationalen Innovationswettbewerb nicht den Anschluß zu verlieren. Dies auch deshalb, weil das Hervorbringen gesellschaftlicher und technischer Innovationen

---

[16]Ebd., S. 345.

mitentscheidend sein wird für das Erreichen einer wirtschaftlichen Entwicklung, die mit wesentlich weniger Material- und Energieverbrauch auskommt."[17]

Hier spiegelt sich die Angst der deutschen Kapitalisten wider: den Anschluss im internationalen Wettbewerb zu verlieren. Dabei geht es nicht um technische Innovationen die eine grünere Produktionsweise herstellen, sondern um Kosten-/Nutzen-Rechnungen im internationalen Vergleich. Sobald ein Land auf der Welt in der Lage ist, das gleiche Produkt billiger zu produzieren und zu verkaufen, tritt der Reflex der Kosteneinsparung in Aktion. Ansonsten wird das Unternehmen, und damit die Möglichkeit einen Profit zu erzielen, vom internationalen Markt verdrängt. Werden in Deutschland politische Vorgaben zum ökologischen Umbau der Produktion gemacht, dann beginnt das Lamentieren der Kapitalistenklassen über zu hohe Kosten und den Verlust der internationalen Wettbewerbsfähigkeit.

Auch wenn in Deutschland, und anderen europäischen Ländern, partiell ökologische Veränderung angegangen wurden, wie langsamer Schwenk weg von fossilen Kraftwerken - hin zu einer Nutzung solarer Energie (Windräder, Solaranlagen), heißt das noch lange nicht, dass ein ökologischer Umbau der Produktion ansteht. Der ökologische Umbau in Deutschland wurde massiv vorangetrieben durch den Wegfall billiger Energie (Gas und Erdöl) durch den russisch-ukrainischen Krieg. Die Suche nach Ersatz (Flüssiggas, Sonnen- und Windenergie sowie Wasserstoff) gestaltet sich schwierig. Zurückzuführen ist dies auf die fossile Struktur der Produktion in Deutschland. Jahrzehntelang wurde hier auf die billige Energieversorgung aus Russland gesetzt. Die Technologien zur Nutzung wiederverwendbarer Energien

---

[17] *Zukunftsfähiges Deutschland: Ein Beitrag zu einer global nachhaltigen Entwicklung*, S. 367.

ist in Deutschland nur in geringem Umfang vorhanden. Damit ist die herrschende Klasse auf ausländische Unterstützung (insbesondere Chinas) angewiesen. Gleichzeitig ist ein weltweiter Wirtschaftskrieg gegen China im Gange, der von Deutschland unterstützt wird.

All dies fasst das Institut in seiner zweiten Studie knapp und deutlich zusammen:

> „Deutschland ist somit aktiv beteiligt an der global ökologischen Krise und Ungerechtigkeitssituation. Die ökologische Bilanz, (...), fällt größtenteils negativ aus. Zwar konnte der Anteil der erneuerbaren Energien in den vergangenen Jahren deutlich gesteigert werden, (...) Doch das sind allenfalls Teilerfolge in ausgewählten Segmenten. Allgemein gesehen hat sich die Bilanz Deutschlands im globalen Umweltraum keinesfalls verbessert. (...) Die Art und Weise, wie Deutsche ihre Grundbedürfnisse nach Essen, Wohnen und Mobilität befriedigen, muss überdacht und von Grund auf geändert werden, das betrifft besonders die gehobenen sozialen Milieus. (...) Produktionsseitige technologische Effizienzsteigerungen müssen fortgesetzt werden, reichen vermutlich aber nicht aus."[18]

Nach 12 Jahren ist dies ein vernichtendes Urteil für die herrschende Klasse in Deutschland, aber auch weltweit. Es besagt, dass von den Vorschlägen und Leitlinien des Institutes nichts real umgesetzt wurde, sondern der Kapitalismus sein „Business-as-usual" weiterführt. Das bedeutet für die Menschen wie für die Umwelt nichts Gutes.

---

[18] *Zukunftsfähiges Deutschland in einer globalisierten Welt: Ein Anstoß zur gesellschaftlichen Debatte*, S. 154.

4. Grüner Kapitalismus

Das grundlegende Manko der beiden Studien: das unbedingte Festhalten am Kapitalismus als Gesellschaftsform. Das Vertrauen darauf, dass die herrschende Klasse in der Lage ist die Veränderungen von innen heraus stattfinden zu lassen und den herrschenden Kapitalismus in einen grünen Kapitalismus zu transformieren. Erst wenn gar nichts mehr möglich ist (also wahrscheinlich kurz vor der totalen Zerstörung der Umwelt und Gesellschaft) wird umgeschwenkt auf eine andere, noch zu definierende, Gesellschaftsform.

> „Erst wenn sich in der Zukunft herausstellt, daß eine Verbrauchsreduktion von Energie und Stoffen mit der Systemdynamik der Marktwirtschaft nicht vereinbar ist, müssen andere Wege des Wirtschaftens überlegt werden. Nur in diesem Fall wäre die Gesellschaft vor die Wahl gestellt, entweder das marktwirtschaftliche System grundlegend zu ändern oder auf die ökologische Anpassung in Richtung Zukunftsfähigkeit zu verzichten.“[19]

Dann wird es wahrscheinlich zu spät für eine Umkehr sein. Die Erde wird dann aufgeheizt sein, die Pole sind am Schmelzen, Unwetterkatastrophen suchen die Landschaften und Menschen heim. Das ist das falsche Pferd auf das das Wuppertal Institut setzt. Eine, durch das Institut, angestrebte öko-kapitalistische Modernisierung wird immanent nicht stattfinden und ist real nicht umsetzbar.

Ein „Grüner Kapitalismus“ wie er der herrschenden Klasse vorschwebt, würde nur bedeuten den heutigen Kapitalismus beizubehalten - nur mit einem grünen Mäntelchen umgeben.

---

[19] *Zukunftsfähiges Deutschland: Ein Beitrag zu einer global nachhaltigen Entwicklung*, S. 373.

Partiell würden sich Bereiche innerhalb der Produktionsweise ergeben die nachhaltig und ökologisch arbeiten. Die überwiegenden Bereiche des Kapitalismus, wie die Energieerzeugung durch große Kraftwerke, werden weiterhin genauso betrieben. Möglich wird dies durch „Greenwashing" im großen Maßstab sowie durch die Propagierung von technologischen Lösungen, wie Geoengineering, die noch gar nicht oder nur im Versuchsstadium[20] existieren. Ein grüner Kapitalismus ist ein Widerspruch in sich selbst. Die grüne Modernisierung des Kapitalismus setzt darauf, dass alle vorhandenen fossilen Strukturen Eins zu Eins durch ”grüne”Materialien ersetzt werden können. Damit bleibt er im alten Materialhunger hängen und sorgt für eine weitere verschärfte weltweite Ausbeutung der benötigten Rohstoffe zum grünen Umbau. Gleichzeitig damit werden die existierenden kapitalistischen Macht-und Herrschaftsverhältnisse weiter stabilisiert und vertieft. Der unendliche Trieb zur Profiterzielung bleibt weiterhin erhalten. In diesem Sinne darf der ”grüne Kapitalismus” nicht als ökologischer Fortschritt verstanden werden.[21] Er wäre vielmehr die Fortsetzung der alten kapitalistischen Verhältnisse mit einem grünen Vorzeichen.

Ein grüner Kapitalismus, so wie er von der herrschenden Klasse angestrebt wird, ist immer mit dem Begriff des „Grünen Wachstums" verbunden. Dabei soll eine Entkoppelung zwischen Wachstum und Ressourcenverbrauch stattfinden (absolute Entkoppelung). Die bisherigen, an der westlichen insbesondere der

---

[20]So wie die weltweit einzige Versuchsanstalt für das „Carbon Capture", die das CO_2 aus der Luft einfangen und in die Erde verpressen soll. Damit lässt sich die Klimaerwärmung nicht aufhalten, da bedeutend mehr CO_2 freigesetzt als eingefangen wird. Die Emissionen werden dadurch ungehemmt weitergehen und die Erde wird sich weiter erwärmen.

[21]Brand, *Kapitalismus am Limit: Öko-imperiale Spannungen, umkämpfte Krisenpolitik und solidarische Perspektiven*, S. 156–157.

US-amerikanischen Lebensweise orientierte Konsumformen können beibehalten werden. Die Produkte werden durch kohlenstoffarme Alternativen ersetzt.[22] Realistisch ist das nicht, besonders da die notwendigen Rohstoffe für den Umbau zu einem grünen Kapitalismus extrem begrenzt sind.

Nehmen wir nur Lithium[23] für die Herstellung von Batterien; seien es Batterien für Elektroautos, Batterien für Solaranlagen oder Batterien für alle Arten von Werkzeugen und Maschinen. Die Reserven an Lithium belaufen sich auf ca. 28 Millionen Tonnen im Jahr 2023.[24] Diese Reserven sind extrem ungleich über die Erde verteilt. Der Hunger nach diesem Stoff ist besonders groß in den nördlichen kapitalistischen Ländern, da hier am Ersatz von Verbrennerautos hin zu Elektroautos gearbeitet wird. Gehen wir davon aus, dass die gleiche Menge an Elektroautos produziert werden wie die Verbrennerautos, dann ist der notwendige Rohstoff Lithium für die benötigten Batterien schnell verbraucht. Was kann als Alternative genutzt werden? Nur der gleiche Rohstoff, der aus alten Batterien wieder aufbereitet werden muss. Dazu sind maschinelle Anlagen notwendig, die wiederum Energie benötigen. Mit welchen Energien werden diese voraussichtlich betrieben werden? Mit hoher Wahrscheinlichkeit mit fossilen Energien. Die Größenordung zur Wiedergewinnung ist zu groß um sie mit alternativen Energieformen wie Wind oder Sonnenenergie zu betreiben. Der grüne Kapitalismus führt dann dazu, dass weiterhin CO_2 in großen Mengen freigesetzt wird und die Erde erwärmt. Dafür haben die Verfechter des grünen Kapitalismus dann die Carbon Capture Strategie. Eine unausgereifte, nicht

---

[22]Buller, *Der Wert eines Wales: Über die Illusionen des grünen Kapitalismus*, S. 251.

[23]Ein notwendiger Rohstoff für sogenannte Schlüsseltechnologie im grünen Kapitalismus

[24]Statista, *Länder mit den größten Lithiumreserven im Jahr 2023*.

existente Zukunftstechnologie. Mit diesem Vorgehen wird die ökologische Krise auf keinen Fall von der herrschenden Klasse korrekt bearbeitet und gelöst werden.

Da absehbar ist, dass eine vollkommene Ersetzung fossiler Strukturen und Einrichtungen durch „grüne", dekarbonisierte Strukturen zu ersetzen, nicht funktionieren wird, versucht die herrschende Klasse es über Ausgleichsprogramme. Das beste Beispiel dafür sind die Emissionszertifikate die von der EU ausgegeben werden.[25] Diese Zertifikate können gehandelt werden. Grundlage ist die politische Festsetzung einer Obergrenze („cap-and-trade") bestimmter Emissionen, wie z.b. die Emission von Kohlenstoffdioxid. An Unternehmen die bestimmte Mengen dieses Stoffes in die Umwelt emittieren wollen, werden die Zertifikate für die Verschmutzung entweder verkauft oder staatlicherseits zugeteilt. Das Unternehmen kann nun, wie gewünscht, Schadstoffe in der Menge der erworbenen Zertifikate in die Umwelt freisetzen. Werden Filteranlagen in die Schornsteine gebaut oder andere Maßnahmen zur Beseitigung der Schadstoffe ergriffen, kann das Unternehmen die erworbenen Zertifikate an andere Unternehmen verkaufen. Diese ihrerseits können dann ihre Schadstoffe in Höhe der erworbenen Zertifikate in die Umwelt freisetzen. Die grundlegende Idee hinter dem Zertifikathandel ist, dass der Markt über den Preismechanismus, in diesem Falle für CO_2, die Umweltverschmutzung regelt. Denn je mehr Zertifikate ein Unternehmen kaufen muss, desto höher die Kosten für die Erzeugung fossiler Energie. Am Markt entscheidet dann der Verbraucher darüber ob er den höheren Preis im Gegensatz zu regenerativen Energien zu zahlen bereit ist. Ist er das nicht, wird das fossile Unternehmen

---

[25]Nicht nur von der EU werden diese Zertifikate gehandelt. Andere Länder, wie China, USA handeln ebenfalls mit Zertifikaten um die Klimaerwärmung zu bekämpfen.

über kurz oder lang vom Markt verschwinden, da seine Kosten, und damit der Marktpreis, zu hoch ist. Es wird damit davon ausgegangen, dass eine CO_2-Bepreisung stattfindet. Soweit die Theorie.

Der Emissionshandel wird als **das marktbasierte Instrument** im grünen Kapitalismus zur Bekämpfung der Erderwärmung eingesetzt. Ist er das wirklich oder nur ein weiteres grünes Feigenblatt? Wäre der Emissionshandel tatsächlich effektiv, dann müsste die Erderwärmung in den letzten Jahrzehnten gesunken sein. Das ist sie mitnichten. Vielmehr zeigen alle Daten, dass sich die Temperatur erhöht hat und 2024 das wärmste Jahr, mit einer Temperatur über 1,5 °C, ist.[26] Das angestrebte Ziel des Pariser Übereinkommens ist damit das erste Mal verfehlt worden. Alle weiteren Voraussagen über die Klimaerwärmung gehen davon aus, dass die Temperaturen weiter steigen werden und deutlich über 1,5 °C liegen werden. Allein dies weist schon darauf hin, dass der Zertifikathandel nicht zieht. Die Herangehensweise über die Bepreisung der Emissionen ist für das Kapital immanent logisch. Damit wird der kapitalistische Markt und die kapitalistische Produktionsweise weiterhin aufrecht erhalten. Allerdings hilft das nicht der Umwelt und nicht dem Verständnis zur Bekämpfung der ökologischen Krise.[27] Die CO_2-Bepreisung und der damit verbundene Zertifikathandel erlaubt es dem Kapital weiterhin zu akkumulieren. Die Krisenlösung verbleibt immanent in der kapitalistischen Marktlogik. Die Umwelt wird dabei als „Naturkapital" betrachtet, aus der bestimmte „Ökodienstleistungen" gezogen werden können.[28] Diese Dienstleistungen

---

[26]Hausfather, *State of the climate: 2024 will be first year above 1.5C of global warming.*

[27]Buller, *Der Wert eines Wales: Über die Illusionen des grünen Kapitalismus*, vgl. S. 49.

[28]Ebd., vgl. S. 252.

sollen Preise erhalten und über Märkte handelbar sein. Damit wird das Weiterleben des kapitalistischen Gesellschaftssystem sichergestellt. Von der herrschenden Klasse kann dies ideologisch so verbrämt werden, dass Umweltbelange bei der Produktion berücksichtigt werden. Dabei vergisst das Kapital, dass ein endlicher Planet ausgebeutet wird, einzig und allein um Kapital (Profit) zu maximieren. Buller hat recht, wenn sie schreibt:

> „Das grüne kapitalistische Projekt bereitet außerdem den Boden für einen immer heftigeren Kampf um die endliche Kapazität des Planeten, um seine Ressourcen und Senken. Wir sind mehr als in der Lage, mit dem Raum, den Ressourcen und den natürlichen Senken, die dieser Planet großzügig bietet, ein menschenwürdiges Leben für alle und auf lange Sicht zu gewährleisten. Mit kollektivem Überfluss verhält es sich allerdings anders. Es ist also zu einem großen Teil eine soziale und keine rein materielle Frage. Die derzeitige Verteilung von Akkumulation, Produktion und Konsum birgt jedoch die Gefahr, diese Möglichkeit auszuschließen."[29]

Die Alternativen zum grünen Kapitalismus werden innerhalb der kapitalistischen Gesellschaft nicht in der Breite diskutiert. Der herrschenden Klasse gelingt es mit ihren Erzählungen weiterhin die Massen zu beruhigen. Kathrin Hartmann hat dies exakt beschrieben:

> „Die Vorstellung ist attraktiv: Alles kann bleiben, wie es ist, wenn nur am Ende einer langen Kette der Zerstörung schmutzige Treibstoffe und Technologien gegen saubere ausgetauscht werden oder CO_2

---

[29]Ebd., S. 251–252.

«gemanagt» wird, anstatt es real zu vermeiden. Regierende, Institutionen, Konzerne und wohlhabende Teile der Gesellschaft klammern sich an die Idee des grünen Wachstums. Denn die Ideologie des grünen Kapitalismus skizziert eine verheißungsvolle Zukunft, in der Unmögliches möglich zu sein scheint: CO_2 aus der Luft holen und im Boden verbuddeln, die Sonne verdunkeln, klimaneutral fliegen oder im Hyperloop reisen. So unrealistisch solche Vorschläge auch sein mögen, sie funktionieren vor allem als Entlastungsstrategie: Solange man nur fest genug daran glauben kann, dass es für jedes Problem die richtige technische Lösung gibt, auf die eines Tages irgendwelche findigen Ingenieure schon kommen werden, muss sich strukturell nichts ändern. Weder an der imperialen Lebensweise noch an den globalen Macht- und Besitzverhältnissen."[30]

Das Projekt des grünen Kapitalismus in seiner jetzigen, von den herrschenden Klassen vorangetriebenen Ausprägung ist zum Scheitern verurteilt. Wie im vorherigen Kapitel zu sehen war, sind die ökologischen Schäden, trotz aller Beteuerungen des Kapitals, nicht zurückgegangen. Ganz im Gegenteil, die Erwärmung hat weiter Fahrt aufgenommen und nimmt ungehindert zu. Partielle Erfolge bei der Reduzierung von Schadstoffen werden publik gemacht; als wäre das schon der Sieg über die ökologische Krise. Die Propagierung von Elektroautos als Ersatz von Verbrennungsmotoren führt in letzter Konsequenz dazu, dass die Straßen dann mit Elektroautos vollgestopft sind und der Individualverkehr endgültig kollabiert. Dabei ist nicht berück-

---

[30]K. Hartmann, *Öl ins Feuer: Wie eine verfehlte Klimapolitik die globale Krise vorantreibt*, S. 157–158.

sichtigt, dass die Produktion von Elektroautos deutlich mehr Ressourcen benötigt und Verschmutzung erzeugt wie die Produktion von Verbrennerautos. Das heißt nicht, dass wir jetzt bei Verbrennerautos stehen bleiben sollten. Es gibt nur keine alternative Idee darüber, wie es ganz ohne Autos, und damit ganz ohne Individualverkehr, aussehen könnte. Diese Alternative ist in der Diskussion vollkommen ausgeblendet, da Elektroautos als die Heilsbringer der ökologischen Krise angesehen werden. Und das ist nur ein kleiner Aspekt dessen was notwendig ist, um die ökologische Krise aufzuhalten oder bestenfalls die Schäden zu beseitigen die in der Vergangenheit angerichtet wurden.

Der grüne Kapitalismus verstellt ebenfalls die Sicht auf umweltschädliche Produktionsweisen, da die Sichtweise im Moment eher auf das Konsumverhalten der Individuen gelenkt wird. Dabei stellt sich die Frage, wie z.B. mit Plastik im Alltag umgegangen werden soll. Die Herstellung von Plastik[31] ist ein hochenergetischer Vorgang. Aktuell wird dabei Gas verbrannt um hohe Temperaturen zu erzeugen, die den Grundstoff Ethanol des Plastiks erwärmt. Dabei wird das Plastik formbar und bleibt nach Abkühlung in der Form erhalten. Die CO_2 Verschmutzung kommt im ersten Schritt durch die Erwärmung. Diese wird mit fossiler Energie (meist Erdgas, aber auch Erdöl) durchgeführt. Die zweite Verschmutzung wird durch den Gebrauch und Verbrauch von Plastik erzeugt. Bekannt ist die Verschmutzung der Weltmeere mit Plastikmüll; insbesondere alte Fischernetze, Wasserflaschen, Verpackungen aus Plastik. Diese werden durch die Strömungen und Wellen zu immer kleineren Teile zerrieben, dem Mikroplastik. Das Mikroplastik wiederum wird von Fischen und anderen Meeresbewohnern aufgenommen und reichert sich im Körper der Tiere an. Fische werden von Menschen gefangen und verarbeitet.

---

[31]Wikipedia, *Kunstoff*.

Dabei wird das Mikroplastik an die Menschen in der Nahrung weiter gegeben. Entscheidend ist hier aber der Produktionsprozess: wenn der grüne Kapitalismus weiterhin diese Mengen an Plastik herstellt und verbraucht, wird entsprechende Energie benötigt. Wo soll diese dann herkommen? Regenerative Energien werden dafür nicht ausreichend sein. Der Betrieb einer Cracker-Anlage um Plastik in die gewünschte Form zu bringen, lässt sich mit Wind- und Solarenergie nicht aufrecht erhalten. Wasserstoff als Lösung? Da stellt sich dann die Frage, wie dieser Wasserstoff hergestellt wird: unschädlich für die Umwelt ist Wasserstoff nur wenn er mit regenerativen Energien erzeugt wird („grüner Wasserstoff"). Heute wird Wasserstoff überwiegend mit Hilfe von Erdgas oder Erdöl erzeugt. Was dann zu CO_2-Emissionen führt. Grüner Kapitalismus sollte anders gehen, wenn er wirklich als grün begriffen wird.

Die Liste an Beispielen könnte endlos fortgesetzt werden. Die Grundannahme des grünen Kapitalismus, dass alle vorhandenen Strukturen des fossilen Kapitals durch nachhaltige, grüne Strukturen ersetzt werden könnten, ist schlicht und ergreifend falsch.

5. Gesellschaftliche Auswirkungen des grünen Kapitalismus

Wie konnte sich aber der Begriff des „grünen Kapitalismus" überhaupt so etablieren, dass er als Alternative zum fossilen Kapitalismus betrachtet wird? Ist die Erzählung der herrschenden Klasse so wirkmächtig, das Alternativen nicht mehr in die Sicht kommen? Es klingt alles sehr einfach: alle können ihren Lebensstil so weiterführen wie bisher. Wir, die herrschende Klasse, sorgt dafür, dass die Produktion und die Produkte grüner werden. Dadurch wird die Luft wieder sauberer, die Wasser klarer, die Erderwärmung wird gestoppt und alles ist wieder so wie in der guten alten Zeit. Daran arbeitet die herrschende Klasse. Es soll nicht unterschlagen werden, dass die Kapitalistenklasse die Notwendigkeit einer ökologischen Wende einsieht. Damit ist das Projekt des grünen Kapitalismus in weiten Teilen der Gesellschaft konsensfähig. Kommt noch dazu, dass „grünes Wachstum" unterstellt wird bedeutet dass für die Masse: kein Verzicht auf Konsum; die Autos dürfen weiter fahren, nur halt jetzt elektrisch; es kann weiterhin Gas und Öl zum Heizen verbrannt werden; Solar- und Windanlagen können in kleinerem Umfang erstellt werden, sie zählen als Ergänzung zu fossilen Brennstoffen.[1] Selbst die EU ist aktiv mit ihrem European Green Deal. Mit den Umweltzertifikaten, Zuschuss zu Investitionen, Förderung von regenerativen Energien befinden wir uns auf der sicheren Seite und können beruhigt in die Zukunft blicken.

Und wenn das alles nicht funktionieren sollten, dann wenden wir die Energieeffizienz an. Orientiert an der privatwirtschaftlichen Schimäre der wirtschaftlichen Effizienz, wird versucht alles auf Energieeffizienz zu trimmen. Alle möglichen Endprodukte, wie Fernsehapparate, Waschmaschinen, Kühl- und Gefrierschränke aber auch Verbrenner- und Elektroautos einschließlich Wohnhäuser erhalten ein Schild auf dem ihre Energieeffizient ausgewiesen wird. Wobei die Energieeffizienz nur das Verhältnis von Energieertrag zur eingesetzten Energie abbildet. Für energiearme Geräte bedeutet dies, dass der Output an Energie höher liegt als die notwendige Zufuhr an Energie. Beispielhaft kann dies an Wärmepumpen dargestellt werden. Eine Kennzahl zur Messung der Energieeffizienz bei einer Wärmepumpe ist die Jahresarbeitszahl (JAZ). Sie gibt das Verhältnis von eingesetzter Strommenge zu ausgehender Wärmemenge über das gesamte Jahr bei unterschiedlichen Betriebszuständen (Sommer, Winter, kalte Tage, wärmere Tage usw.) wider. Bei einer Wärmepumpe im Normalbetrieb für ein Einfamilienhaus liegt die JAZ zwischen 3,5 und 4,5. Das bedeutet, für eine eingesetzte Kilowattstunden Strom werden 3,5 bis 4,5 Kilowatt Wärme erzeugt. Eine höchst effiziente Energieausbeute. Ein Vergleich mit einer Gasbrennwerttherme ist extrem schwierig. Aus Erfahrungswerten kann ich sagen, dass der Energieverbrauch mit einer Wärmepumpe sich um ca 50 % senkt. Ebenso erfolgt die Aufheizung von Fußbodenheizung sowie Warmwasser bei einer Wärmepumpe deutlich

---

[1]Brand, *Kapitalismus am Limit: Öko-imperiale Spannungen, umkämpfte Krisenpolitik und solidarische Perspektiven*, vgl. S.118.

schneller. Hinsichtlich von CO_2-Emissionen liegt die Wärmepumpe weit vor der Gastherme; insbesondere wenn die Wärmepumpe über eigene Sonnenkollektoren mit Strom versorgt wird. Trotzdem könnten beide Geräte mit der gleichen Energieeffizienzklasse gekennzeichnet sein. Hier muss eine individuelle Entscheidung getroffen werden: wie viel von extern bezogener Energie soll bezahlt werden und wie viel CO_2 soll emittiert werden? Und das gilt nur für ein Einfamilienhaus. Für große, energieintensive Fabrikanlagen wie die Herstellung von Stahl oder Aluminium, kommen noch weitere Kostengesichtspunkte dazu. Letztlich müsste hier entschieden werden ob es möglich ist, einen Hochofen auf die notwendigen Temperaturen mit regenerativer Energie hoch zu heizen. Oder, wie oben beschrieben, eine Crackanlage für Plastik mit regenerativer Energie zu betreiben. Oder: den Hochofen- und Crackbetrieb komplett einzustellen und nach alternativen Produkten forschen, die wenig Energie zur Herstellung benötigen, aber ähnlich in ihren Eigenschaft sind wie die zu ersetzenden Produkte.

Auch hier zeigt sich der Fehler im System: ausgehend von der bekannten wirtschaftlichen Effizienz wird diese als Maßstab einfach auf die Umwelt angewandt. Da die Effizienz im fossilen Kapitalismus am Markterfolg gemessen wird[2], wird dieser

---

[2]Bedeutet in diesem Falle: wie erfolgreich können die hergestellte Waren am Markt verkauft werden. Erfolgreich deswegen, weil sie billiger, und damit kostengünstiger, als diejenigen gleichen Produkte die durch die Konkurrenz angeboten werden. Es geht hier ausschließlich um die Betrachtung von Werten: Kosten, ausgedrückt in Wertgrößen, werden optimiert. Wie soll die Umwelt in diesem Sinne optimiert werden? Hier gibt es keine Kosten, da Luft und Wasser (im Moment noch) kostenfrei zur Verfügung gestellt werden und in der kapitalistischen Produktion genau so genutzt werden. Eine Kosten-Nutzen-Analyse der Ökologie kann nur einem neoliberal geprägten Gehirn eines Wirtschaftswissenschaftler entspringen und führt sich hier ad absurdum.

marktbasierte Standard auf die Umwelt angewandt. Auch hier geht es um Markteffizienz: wie niedrig muss ein Preis für eine Solaranlage oder Wärmepumpe sein um sich am Markt gegen die Konkurrenz durchzusetzen. Wie das geht, haben chinesische Hersteller von Solaranlagen weltweit vorgemacht. Nur ist das der falsche Maßstab für eine nicht-fossile Welt und der herrschende Kapitalismus täte gut daran, sich möglichst schnell von diesem Maßstab für den grünen Umbau zu verabschieden.[3]

Der Kapitalismus hat die unangenehme Eigenschaft sich krisenhaft vorwärts zu bewegen. Auch ein grüner Kapitalismus ist letztlich nur ein Kapitalismus mit seinen unterliegenden Krisen. Er wird sich ebenso krisenhaft vorwärts bewegen wie ein fossiler Kapitalismus. Durch das unterliegende Dogma des grünen Wachstums eröffnen sich ähnliche Widersprüche wie im fossilen Kapitalismus. Dann bricht die nächste Krise aus, diesmal als „grüne Krise". Ein weiteres Problem des grünen Kapitalismus besteht darin, dass nur Teilbereiche der Ökonomie auf nachhaltige Produktion umgestellt werden. Diese Bereiche schreien laut nach Subventionen, da die Kosten für „grüne Energie" noch deutlich über derjenigen von fossiler Energie liegen. Es werden Teilbereiche der Gesellschaft mit staatlicher Unterstützung und Förderung zu grünen Inseln ausgebaut, die dann als Vorzeigeobjekte für den grünen Kapitalismus dienen.[4] Das ist alles andere als hilfreich. Der größte Teil der Produktionsweise wird weiterhin mit fossiler Energie angetrieben und denkt nicht im Traum daran auf regenerative Energieträger umzusteigen.

Teilen der herrschenden Klasse ist schon sehr bewusst, dass eine ökologische Wende eingeleitet werden muss und die Ökono-

---

[3]Buller, *Der Wert eines Wales: Über die Illusionen des grünen Kapitalismus*, vgl. S.53.

[4]Brand, *Kapitalismus am Limit: Öko-imperiale Spannungen, umkämpfte Krisenpolitik und solidarische Perspektiven*, vgl. S.119.

mie auf carbonfreie Produktion wie Produkte umgestellt werden sollte. Von daher stimmen diese Teile einem grünen Umbau des herrschenden Kapitalismus zu und unterstützen die Politik bei diesem Vorhaben. Wie zu sehen, wird durch den grünen Kapitalismus die Profitlogik nicht in Frage gestellt. Vielmehr eröffnen sich weitere profitable Felder (durch Wind- und Solaranlage ebenso wie durch Wärmepumpen) um die Verwertung des Kapitals voran zu treiben und auszudehnen. Allerdings muss hier auch gesehen werden, dass die herrschende Wirtschaftswissenschaft dies mit abstrakten Theorien begleitet, die nur in rudimentärer Weise die Komplexität der realen Welt und der Ökospähre widerspiegeln.[5] Hier werden subjektive Entscheidungen in der Sprache der Objektivität getroffen mit realen Auswirkungen auf die gesamte Menschheit. Das sollte schnellstens beendet werden.

Die Konzentration der herrschenden Klasse auf eine marktkonforme Bearbeitung der ökologischen Krise führt dazu, dass erhebliche politische Widerstände von Seiten wirtschaftsliberaler und rechten, populistischen Bewegungen und Strömungen auftreten.

> „Die wirtschaftsliberalen Kräfte – in Deutschland politisch organisiert in der FDP und Teilen der Unionsparteien, in Österreich in Teilen der ÖVP – setzen alles daran, ein grün-kapitalistisches Projekt im Interesse der alten fossilen Kapitalfraktionen und im Namen von »Freiheit« und »Wachstum« auszubremsen. Dabei werden sie von rechtsautoritären Kräften wie der AfD beziehungsweise FPÖ unterstützt, die die ökologische Krise und damit auch die Notwendigkeit eines Krisenmanagements entweder leugnen

---

[5]Buller, *Der Wert eines Wales: Über die Illusionen des grünen Kapitalismus*, vgl. S.61.

oder aber nationalistisch und rassistisch kodieren."[6]

Zu den wirtschaftsliberalen Kräften in Deutschland gehören zwischenzeitlich auch SPD-Politiker sowie Teile der Grünen. Von der neuen Gruppierung des BSW (Bündnis Sahra Wagenknecht) ganz zu schweigen, das eine Querfront zwischen linker und rechter Politik bildet und damit relativ erfolgreich Menschenmassen mobilisieren kann.

Die Geschichte der Klimaleugner beginnt dagegen schon sehr früh: in den 1970er Jahren. Die ersten Kritiker der fossilen Industrie, wie Rachel Carson, wurden von der fossilen Industrie in die Ecke der Fortschrittshemmer gestellt. Große Ölfirmen, wie Exxon, BP, Shell und andere betrieben Forschungen hinsichtlich der umweltschädigenden Auswirkungen ihrer Produktion und der menschengemachten Klimaerwärmung. Die Ergebnisse der Forschung waren nicht im Sinne der Unternehmen. Sie erbrachten eher das Gegenteil des Erwarteten: die durch Verarbeitung und Verbrauch erzeugten Emissionen des Erdöls schädigten eindeutig die ökologische Sphäre und gefährdeten das Leben der Menschheit. Diese Ergebnisse mussten weitestgehend aus dem Gedächtnis der Massen ferngehalten werden und durften zu keiner öffentlichen Diskussion führen. Dazu kaufte sich die fossile Industrie entsprechende Wissenschaftler, die mit all ihrer wissenschaftlichen Kompetenz den Klimawandel leugnen bzw. als nicht-menschengemacht (entgegen den wissenschaftlichen Erkenntnissen) darstellten. Von hier war der Übergang zu rechtsradikale Parteien (wie Front National, AfD, wahre Schweden, wahre Finnen, Dansk Folkeparti u.a.) relativ einfach und schnell. Dabei verlagerte sich der Diskurs von der Klimakatastrophe und deren Leugnung, hin zu rassistisch konnotierten Themen wie Mi-

---

[6]Brand, *Kapitalismus am Limit: Öko-imperiale Spannungen, umkämpfte Krisenpolitik und solidarische Perspektiven*, S. 122.

gration, zu viele Muslime, etc. Bei diesen Diskussionen darf nicht vergessen werden, dass der Klimawandel und dessen Leugnung im Hintergrund immer mitschwingt.[7] Mitschwingt im Sinne von: wir weißen Menschen haben die Dampfmaschine entwickelt und die fossilen Brennstoffe dazu entdeckt und genutzt. Also gehört das alles uns und ihr, die Fremden (vorwiegend als People of Color und Natives) bekommt das nicht in die Hände. Wir haben damit den Siegeszug um die Welt angetreten und uns die Natur untertan gemacht. Also sorgen wir jetzt dafür, dass ihr das nicht in die Hände bekommt.[8]

Dieser Gedankengang führt in die Richtung eines fossilen Faschismus.[9] Dabei sollte nicht an den Faschismus der Nationalsozialisten in den 1930er Jahre gedacht werden. In dieser Form wird der Faschismus nicht wieder auferstehen. Vielmehr wird der "neue Faschismus", basierend auf der ökologischen, gesellschaftlichen, sozialen, wirtschaftlichen Krise in einer neuer Form wieder auferstehen - sobald die herrschenden Klassen damit einverstanden sind und eine Allianz mit rechtsnationalen Parteien eingehen. Dies geschieht in Italien ebenso wie in Ungarn. Dort haben die herrschenden Klassen ihr Einverständnis gezeigt und damit für den Aufstieg rechtsnationaler, populistischer Parteien gesorgt. Weit verbreitet ist es ebenfalls in Frankreich durch den Rassemblement National, der populistischen Rechten. Etwas stiller und unauffälliger kommt es in den skandinavischen Ländern daher mit den „Schwedendemokraten" oder der dänischen Volkspartei. Grundsätzlich verfolgen alle diese politischen Richtungen das gleiche Ziel: Stärkung der nationalen fossilen Wirtschaft; weitestgehende Leugnung des Klimawandels; Abwehr

---

[7]Andreas;Zetkin Collective Malm, *White skin, black fuel: On the danger of fossil fascism*, vgl. S.3ff.

[8]Ebd., vgl. S.315ff.

[9]Ebd., vgl. S.223ff.

von „unerwünschter" Migration; Konzentration auf die nationale Autarkie.

Diese Stärkung rechtsnationalistischer Parteien führt zu einer weiteren Klimaerwärmung. Aber nicht nur rechtsnationale Parteien, auch die bürgerliche herrschende Klasse die den grünen Kapitalismus durchsetzt, nimmt eine weitere Klimaerwärmung in Kauf. Zeigen lässt sich dies in der Steigerung des weltweiten CO_2 Ausstoßes in den letzten Jahrzehnten. Die Grafik 5.1 auf Seite 93 zeigt die Zunahme der weltweiten CO_2-Emissionen in Millionen Tonnen. Das bedeutet, dass die herrschende Klasse in Zusammenarbeit mit den rechtsnationalen, populistischen Parteien sehr erfolgreich gearbeitet hat. Trotz der öffentlichen Argumentation und Befürwortung eines grünen Umbaus des Kapitalismus, steigen die CO_2-Emissionen ungehindert weiter an. Ebenso nehmen die Emissionen trotz aller getroffen weltweiten Klimavereinbarungen (1992: Erdgipfel in Rio de Janeiro; 1997: Kyoto-Protokoll, 2008: Kobenhagener Abkommen; 2012: Erdgipfel in Rio de Janeiro; 2015: Pariser Abkommen) weiter zu. Die kleine Delle in 2008 ist nicht einem Erfolg bei der Emissionsverhinderung zuzuschreiben, sondern der weltweiten Finanzkrise. Ebenso die Delle in 2020. Diese ist dem Lock-Down während der Corona-Epidemie zuzuschreiben, da hier der weltweite Verkehr weitestgehend zum erliegen kam und die Produktion eingeschränkt wurde.

Um die Emissionen real zu senken sind gravierende Maßnahmen notwendig. Ulrich Brand und Markus Wissen haben das exakt beschrieben:

> „Eine solidarische Bearbeitung der Krise der Externalisierung erfordert deshalb tiefe Eingriffe in die Eigentums- und Verfügungsrechte der Erdzerstörer sowie eine radikale Beschränkung von solchen »Freiheiten«, auf die vor allem, aber eben nicht nur, die

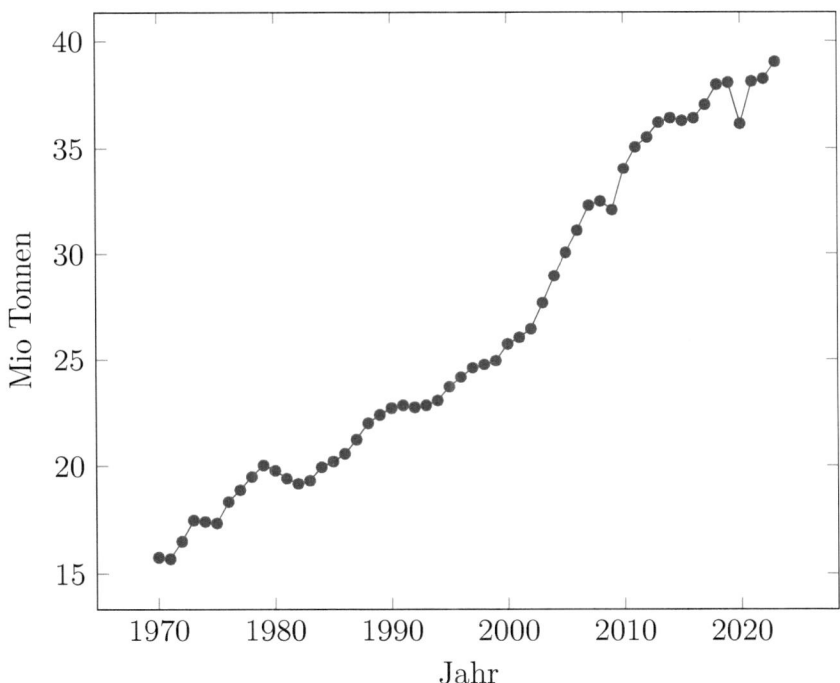

Abbildung 5.1.: Veränderungen CO_2 weltweit
Quelle: GHG emissions of all world countries

> Reichen ein Recht zu haben glauben: das Fliegen
> (mit Privatjets), die Produktion und Nutzung gro-
> ßer Autos, das Rasen ohne Tempolimit, der Erwerb
> von Aktien von Rüstungs-, Auto-, Öl oder Bergbau-
> konzernen. Das sind die Freiheiten, die zu Lasten
> anderer gehen."[10]

Solange in diese Strukturen nicht massiv eingegriffen wird, ist das Ziel der Emissionssenkungen, und damit verbunden das Stoppen der Klimaerwärmung auf 1,5 °Cnicht zu erreichen. Oder wie es Andreas Malm und Wim Carton formuliert haben: wir leben in einer Welt des „Overshoot".[11] Die Klimaziele sind darauf ausgelegt, überschritten zu werden um dann im Nachgang durch Technologien (die noch gar nicht oder erst im Versuchsstadium existieren) wieder auf ein erträgliches Maß reduziert zu werden. Technologisch dahingehend, dass z.B. CO_2-Capture eingesetzt wird um die Luft zu reinigen und das CO_2 in der Erde zu verpressen. Ganz im Gegenteil: das Wachstumsmantra („Wir brauchen Wachstum um reicher zu werden. Dazu gehört die Erzeugung immer neuer Produkte") muss durchbrochen werden. Es muss klar gesagt werden, dass der individuelle Konsum auf allen Ebenen deutlich eingeschränkt werden muss. Die bis jetzt betriebene imperiale Lebensweise muss beseitig werden. Es kann nur über solidarische Formen des Zusammenlebens ein Überleben der Menschheit auf der Erde gesichert werden.

Und wer jetzt der Meinung ist, dass wir eine fast demokratische und solidarische Lebensweise durch das Internet ja schon erreicht hätten, der täuscht sich gewaltig. Die propagierte wissensbasier-te Internetgesellschaft gibt es nicht. Beim „freien" Zugang zum

---

[10]Brand, *Kapitalismus am Limit: Öko-imperiale Spannungen, umkämpfte Krisenpolitik und solidarische Perspektiven*, S. 190.
[11]W. Malm A., *Overshoot*.

Internet ging es in erster Linie um Zeiteroberung durch kapitalistische Unternehmen. Damit einhergehend eine Entmachtung der Menschen und eine unpersönliche Verbundenheit über die sog. „sozialen Netzwerke".[12] Mit der Gleichsetzung aller Öffentlichkeit im Internet verschwand der Klassenbegriff und damit der Klassenkampf als Kampfbegriff gegen die herrschende Klasse. Das Internet zersplittert die Klasseninteressen der Arbeiter in einzelne Identitäten und Interessen und spaltet damit die abhängigen Klassen so weit auf, dass eine konzentrierte Aktion gegen die Herrschenden fast nicht mehr möglich ist.[13] Und nicht nur das: da immer alle Menschen zu allen Zeiten verfügbar sein wollen, muss das Internet eine vierundzwanzigstündige Verfügbarkeit elektrischer Energie zur Verfügung stellen. Niemand fragt wo und wie diese erzeugt wird. Die Folgen dieser Verfügbarkeit, und die damit einhergehende Energieerzeugung für die Endgeräte, erzeugen eine Verschärfung der ökologischen Krise. Der Glaube, dass das Internet hilft die ökologische Krise zu entschärfen, ist ein Irrglaube. Das nur als kleine Abschweifung und Anmerkung zur wissensbasierten Gesellschaft die die ökologische Krise zu lösen hilft.

---

[12]Crary, *180°: Zu spät für den Kapitalismus*, S. 19.
[13]Ebd., vgl. S. 20ff.

Teil IV.

Klima X: Ökologische Zukunft als antikapitalistische Gesellschaft

6. Übergangstrategien für eine neue Gesellschaft

> „Drei Grad? Ist das nicht ein arg unrealistisches Szenario, schließlich hat sich die Weltgemeinschaft doch im Pariser Abkommen darauf verständigt, die Erderwärmung auf zwei Grad zu begrenzen, möglichst sogar auf 1,5 Grad? Nein, aus heutiger Sicht ist es keineswegs unrealistisch – es ist genau die Marke, auf die wir gerade zusteuern.“

> *(Otto,* Wütendes Wetter: Auf der Suche nach den Schuldigen für Hitzewellen, Hochwasser und Stürme*)*

Ausgangssituation   Wie in den vorherigen Kapiteln zu sehen war und deutlich werden sollte, ist die Klimakrise eine menschengemachte Krise. Oder besser: durch menschliche Eingriffe deutlich beschleunigte Veränderung des Klimas. Auch wenn das noch bei weitem nicht in das Allgemeinbewusstsein eingedrungen ist. Die Mehrzahl der Klimaleugner streitet den Einfluss des Menschen auf die Klimaveränderung ab. Wissenschaftlich lässt sich das nicht halten, wie der IPCC mit seinen regelmäßigen Berichten nachgewiesen hat. Auch bei den immer häufiger auftretenden Extremwetterereignissen wird der Zusammenhang von Klimaveränderung und Wetterereignis fast immer abgestritten. Auch das ist falsch. Wie Friederike Otto in ihrem Buch *Wütendes Wetter: Auf der Suche nach den Schuldigen für Hitzewellen,*

Hochwasser und Stürme[1] nachgewiesen hat, kann durch wissenschaftliche Untersuchungen (der „Attributionswissenschaft") der Zusammenhang zwischen einem Extremwetterereignis und des darin enthaltenen Einflusses der Klimaveränderung nachgewiesen werden. Dies geschieht in einem extrem kurzen Zeitrahmen von 3 bis 5 Tagen nach dem Ereignis oder sogar noch während des Ereignisses. Gleichzeitig können die Schäden und Verluste, verursacht durch das Extremwetterereignis bewertet werden. Damit ist eine Basis geschaffen, um die Diskussionen für Entschädigungen zwischen den hauptsächlichen Verursachern (die industrialisierten Länder; in der Zwischenzeit auch China) und den Entwicklungsländern, die unter der Klimakrise am meisten leiden, voranzutreiben. Für Klimaleugner gibt es keine Ausreden mehr. Alles was von dieser Seite noch kommen kann, ist pure Ideologie und Nicht-Wissenschaft.

Aber nicht nur Klimaleugner streiten die Verantwortung und die daraus folgenden Konsequenzen wie Entschädigungszahlungen ab, auch die nördliche industrialisierte Welt sieht keine Notwendigkeit über Entschädigungen zu diskutieren. Im Pariser Abkommen werden Entschädigungszahlungen ausdrücklich anerkannt. Gleichzeitig werden Entschädigungen, die durch den Klimawandel verursacht sind, durch den Weltklimavertrag abgelehnt.[2] Dieses Ping-Pong-Spiel dient nur der westlichen ka-

---

[1] Otto, *Wütendes Wetter: Auf der Suche nach den Schuldigen für Hitzewellen, Hochwasser und Stürme.*

[2] In der englischen Version heißen die Schäden und Verluste: „loss and damage". In Artikel 8 des Pariser Abkommens werden die Schäden und Verluste durch den Klimawandel ausdrücklich anerkannt, um dann aber durch die Hintertür des Weltklimavertrags, beschlossen durch den United Nations Framework Convention on Climate Change (Rahmenübereinkommen der Vereinten Nationen über Klimaänderungen), sich aus der Verantwortung wieder davon zu stehlen. Dort wird dann ausdrücklich formuliert, dass eine Kompensation für Schäden und Verluste durch den

pitalistischen Welt und verhindert eine adäquate Bearbeitung der weltweiten Klimakrise. Hier wird das Ausbeutungs- und Abhängigkeitsverhältnis, das über Jahrhunderte zwischen den Industriestaaten und den Entwicklungsländern aufgebaut wurde, wieder deutlich sichtbar. Die Industrieländer diktieren weiterhin die Bedingungen für die Bearbeitung der Klimakrise. Eindeutig zu ihrem eigenen Vorteil.

Es zeigt aber auch, dass Klimawissenschaftler wie Friederike Otto nur im Rahmen des kapitalistischen Systems denken. Es geht um Vermeidung, Schäden beheben, Anpassung an den Klimawandel, Vorausschau wann, wo und in welcher Stärke Extremwetterereignisse auftreten könnten und welche Auswirkungen diese haben. Es geht nicht darum, dass System zu stoppen oder radikal zu ändern, sondern die Bearbeitung der Klimakrise bleibt systemimmanent. Alternativen zur existierenden Produktionsweise sind bei vielen Klimawissenschaftlern nicht im Focus. Auch sie sind auf die Stellen und das Gehalt angewiesen, welches von Universitäten gezahlt wird. Wobei die Finanzierung dieser Universitäten auch privat (insbesondere im Vereinigten Königreich und den USA), durch Spenden von Unternehmen wie BP, ExxonMobile oder anderen, sichergestellt wird. Systemimmanent auch in dem Sinne, dass Attributionsstudien als Grundlage für Klagen gegen Unternehmen herangezogen werden können, die umweltpolitische Vorgaben nicht einhalten. Ebenso wie als Argumentation gegen Politiker, die das alte fossile Verbrauchsmodell weiterhin behalten wollen und Änderungen verzögern oder gar verhindern.

All dies ist im Zusammenhang mit dem Pariser Abkommen zu sehen.[3] Hier werden in großer politischer Runde öffentlich-

---

Klimawandel nicht geleistet werden.

[3]Generell mit den COP Konferenzen die jährlich stattfinden.

keitswirksam Beschlüsse gefasst und verkündet, die am Ende zu nichts führen. Oder noch schlimmer: es wird ein 1,5 °C-Ziel verabschiedet, dessen innerer Kern darauf hinausläuft, dass dieses Ziel systematisch überschritten wird, um dann durch technologische Neuerfindungen[4] im Nachhinein wieder nach unten korrigiert zu werden. Andreas Malm und Wim Carton haben in ihrer Studie *Overshoot*[5] genau das auseinander gelegt. Die kapitalistische Industrie ist darauf angelegt, das vereinbarte 1,5 °C-Ziel zu überschreiten. In der Hoffnung, dass dies in einer fernen Zukunft liegt,[6] und sich niemand mehr an die Abkommen wirksam erinnern kann oder will. Eine weitere Taktik der Klimaleugner und -verzögerer:[7] die Bekämpfung der Klimakrise auf die lange Bank zu schieben mit politischen Pseudo-Entscheidungen oder Pseudo-Zielsetzungen, die am Ende zu einer weiteren Zerstörung der Erde führen und diese für die Menschen unbewohnbar machen werden.

Gegner Wer sind nun die Gegner, gegen die mit allen Mitteln gekämpft werden muss um eine Wende in der Klimakrise herbeizuführen? Christian Stöcker zeigt in seinem Buch *Männer, die die Welt verbrennen: Der entscheidende Kampf um die Zu-*

---

[4]Also Technologie die entweder noch gar nicht existiert oder sich im Versuchsstadium befindet und damit keinerlei reale Auswirkungen auf die Verhinderung von CO_2-Emissionen hat.

[5]W. Malm A., *Overshoot*.

[6]Zwischenzeitlich, im Jahr 2025, zeigt sich, dass dieser Wunsch ein Wunschtraum der kapitalistischen Industrie bleiben wird. Die Klimaveränderungen gehen schneller vor sich als von jedem Wissenschaftler vorausgesagt. Extremwetterereignisse treten immer häufiger auf - auch in den nördlichen Ländern, die sich bis jetzt davon ausgingen, dass sie von solchen Ereignissen nur alle hundert Jahre mal betroffen sein werden.

[7]Mit kräftiger Unterstützung der fossilen extraktiven und verarbeitenden Industrie

kunft der Menschheit[8] wie weltweit eine Klasse von neoliberalen, konservativen, nationalistischen und populistischen Männern mit allen Mitteln versuchen Maßnahmen zur Bekämpfung der Klimakrise zu verhindern. Grundlegende Gemeinsamkeit dieser Klasse ist das Dogma, dass nur die Verbrennung von fossilen Energien die Welt in ein Wachstum, und damit in Fortschritt, führt. Die Klasse aus Einzelpersonen, wie den Koch Brüdern in den USA; die Vorsitzenden sämtlicher Ölfirmen wie Exxon Mobil, BP, Shell und Total ebenso wie die russischen und chinesischen Ölfirmen; die Hersteller von Autos mit Verbrennermotor, wie VW, Ford, Mercedes, Toyota usw; die Vorsitzenden aller Chemieunternehmen die Öl und Gas als Grundstoff für die Verarbeitung benötigen. Dazu kommt eine gesamte Unterklasse von Politikern die aktiv den Klimawandel leugnen oder verneinen, wie Viktor Orbán in Ungarn; Jair Bolsonaro aus Brasilien; Recep Tayyip Erdoğan aus der Türkei; Wladimir Putin aus Russland; Sultan Achmed al Jaber aus den Vereinigten Arabischen Emiraten; Donald Trump aus den USA; Tony Abbot aus Australien; Peter Altmaier aus Deutschland; um nur die bekanntesten zu nennen. Stöcker zeigt, mit welchen Methoden und politischen Einflussnahmen und viel Geld, diese Klasse den politischen und öffentlichen Diskurs über die Klimakrise beherrscht und lenkt. Das einzige Ziel dieser Klasse ist, möglichst viel fossile Brennstoffe aus der Erde zu holen und zu verbrennen - ohne Rücksicht auf die Folgen die diese Verbrennung hat.

Dabei nehmen vertiefen sie die Spaltung innerhalb der Gesellschaft. Wo vorher eine klare Trennung zwischen Bourgeosie und Proletariat zu sehen war,[9] verschärft sich diese Spaltung

---

[8]Stöcker, *Männer, die die Welt verbrennen: Der entscheidende Kampf um die Zukunft der Menschheit.*

[9]„Die ganze Gesellschaft spaltet sich mehr und mehr in zwei große feindliche Lager, in zwei große, einander direkt gegenüberstehenden Klassen:

noch. Die Gesellschaft trennt sich in Superreiche und Reiche
die ihren imperialen Lebensstil mit viel Geld aufrechterhalten
können und dadurch den Klimawandel vorantreiben; und denjenigen die immer weiter verarmen, alles tun um Emissionen zu
vermeiden und am Ende die gesamte Last der Klimakrise tragen
müssen, einschließlich der Gefahr des Unterganges. Die Aufgabe
der bürgerlichen Klasse bestände jetzt darin, den technologischen
Fortschritt durch die Entwicklung immer neuer technologischer
Erfindungen voranzutreiben. Nur damit ist diese Klasse in der
Lage ihren Profit immer weiter auszudehnen und zu erhöhen.
Im Kern müssten also alle diese neokonservativen, faschistischen
Männer für eine weitere Entwicklung der Gesellschaft sorgen.
Was sie mitnichten tut. Auch das hat Marx frühzeitig erkannt
und formuliert:

> „Die Produktivkräfte, die ihr zur Verfügung stehen,
> dienen nicht mehr zur Beförderung der bürgerlichen
> Eigentumsverhältnisse; im Gegenteil, sie sind zu ge-
> waltig für diese Verhältnisse geworden, sie werden
> von ihnen gehemmt; und sobald sie dies Hemmnis
> überwinden, bringen sie die ganze bürgerliche Ge-
> sellschaft in Unordnung, gefährden sie die Existenz
> des bürgerlichen Eigentums. Die bürgerlichen Ver-
> hältnisse sind zu eng geworden, um den von ihnen
> erzeugten Reichtum zu fassen. – Wodurch überwin-
> det die Bourgeosie die Krisen? (...) Dadurch, das sie
> allseitigere und gewaltigere Krisen vorbereitet und
> die Mitteln, den Krisen vorzubeugen, vermindert."[10]

Diese Klasse von Klimaleugner und Klimaverzögerer verhält sich

---

Bourgeoisie und Proletariat." Marx und Engels, „Manifest der Kommunistischen Partei", S. 463
[10]Ebd., S. 468.

systemkonform: sie ist mit den von ihr geschaffenen Produktivkräften vollständig überfordert und muss damit eine noch größere Krise erzeugen.

Die Lösungsstrategie dieser Klasse besteht darin, die aktuelle Bekämpfung der Klimakrise zu verhindern oder zu verzögern. Im Glauben daran, dass dieses Taktik die alte kapitalistische Gesellschaftsordnung weiterhin am Laufen hält. Damit nur sie, als Ausführende der besitzenden und herrschenden Klasse im Kapitalismus, weiterhin ihren verschwenderischen Lebensstil führen können. Die Aufrechterhaltung geschieht durch die alten, bekannten Mittel: Extraktion und Verbrennung fossiler Energien - also Leugnung der Klimakrise und Fortführung des „business-as-usual". Neue, alternative und nachhaltige Möglichkeiten werden von vornherein ausgeschlossen. Mit dieser Strategie hat diese Klasse die Klimakrise herbeigeführt. Es bleibt ihr jetzt nichts anderes mehr übrig als die Klimakrise immer weiter zu verschärfen, in der Hoffnung die Krise damit zu überwinden. Das diese Strategie zu immer größeren Klimaschäden führt, ist für diese Klasse und ihre politischen und journalistischen Hilfstruppen vollkommen gleichgültig. Selbst wenn das Ende der Klimakrise darin besteht, dass die Menschheit auf diesem Planeten nicht mehr leben kann. Die Erkenntnis, dass die Physik und Chemie der natürlichen Verhältnisse nicht diskutiert und sich auf keinen Handel einlässt, sondern einfach nach den physischen und chemischen Gesetzmäßigkeiten abläuft, ist in den Köpfen der herrschenden Klasse nicht angekommen.

Bei den Klimaleugnern hat sich über die letzten Jahrzehnte (beginnend mit der Tabakindustrie: hier wurde der Zusammenhang zwischen Rauchen und Lungenkrebs geleugnet - und wird immer noch abgestritten) hinweg eine Strategie herausgebildet:

1. Schritt: es gibt keinen Klimawandel;

2. Schritt: wenn sich das Klima ändert, dann sind diese Änderungen auf natürliche Ursachen zurück zu führen;

3. Schritt: wenn der Klimawandel trotzdem eintrifft, dann sind alleine die Menschen schuld. Aber das hat keine Auswirkungen auf das menschliche Leben, da wir uns ja an den Klimawandel anpassen können.

Bei dieser Strategie werden sämtliche wissenschaftliche Erkenntnisse und Fortschritte hinsichtlich des Klimawandels ignoriert und geleugnet. Vielmehr wird mit „alternativen Fakten" gearbeitet um die Leugnung zu untermauern.[11] Die beste Darstellung dieser Klimaleugnung für Europa findet sich in dem Buch von Susanne Götze und Annika Joeres: *Die Klimaschmutzlobby: Wie Politiker und Wirtschaftslenker die Zukunft unseres Planeten verkaufen.*[12] Hier wird nachvollzogen wie sich neoliberale Thinktanks mit der Politik kurzschließen um klimafreundliche Eingriffe in die Gesellschaft zu verzögern oder zu verhindern. Ebenso wird gezeigt, wie politische Beamte auf allen Ebenen, insbesondere auf Ministerebene, sich an den Eingaben der Industrie orientieren, die einen klimafreundlichen Umbau verhindern wollen. Die Figuren welche da agieren, sind nicht nur die üblichen Verdächtigen von FDP, CDU, AfD[13], sondern auch Minister und Mitglieder der SPD und den Grünen. Für Deutschland kann gesagt werden,

---

[11]Oreskes, *Merchants of doubt: How a handful of scientists obscured the truth on issues from tobacco smoke to global warming*, S. 6 f.

[12]Götze, *Die Klimaschmutzlobby: Wie Politiker und Wirtschaftslenker die Zukunft unseres Planeten verkaufen.*

[13]wie Peter Altmaier, ehemals Umweltminister; große Teile der FDP die weiterhin die „freie Marktwirtschaft", also den ungehemmten Kapitalismus verteidigen; das rechtsgerichtete EIKE Institut; die Werteunion der CDU; die Initiative Neue Soziale Marktwirtschaft (INMS); der Lobbyverband Die Familienunternehmen, bestehend aus großen, umsatzstarken mittelständischen Unternehmen die der FDP und CDU nahestehen; der

dass die Bekämpfung der Klimawarner mit dem Antritt von Sigmar Gabriel als Bundesumweltminister in 2005, das Thema der erneuerbaren Energien weitestgehend vom Tisch war[14]

Hier erfolgte eine Hinwendung zu einer konservativen politischen Ausrichtung in der Umweltpolitik. Verbunden war dies, nach Beendigung der politischen Karriere, mit der Annahme von Aufsichtsratssitzen in Unternehmen die Front gegen die Klimakrise machen. Auch die Ampel-Koalition in Deutschland, die verzweifelt versucht hat den Umbau Deutschlands zu nachhaltiger Wirtschaft voranzutreiben, scheiterte an der konservativen Ausrichtung der Ministerien. In 2025 ist absehbar dass sich eine konservative, rechtsnationale CDU geführte Regierung herausbilden wird. Diese wird versuchen den Weg des ungehemmten kapitalistischen Wachstums mit allen Mitteln zu forcieren. Sämtlichen Anstrengungen hinsichtlich Klimabekämpfung oder Umbau zu nachhaltiger Energie werden dadurch weiter zurückgeschraubt.

Der Kern dieser Klimaleugner besteht darin, dass keinerlei Einschränkungen der Ökonomie durch den Staat vorgenommen werden soll. Damit bleibt es bei einem „freien" und ungezügelten Kapitalismus. Staatliche Eingriffe sollen so weit wie möglich reduziert werden. Damit wird von dieser Klasse sichergestellt, dass dem unendlichen Profittrieb weiter gefolgt werden kann - verbunden mit unendlichem Wachstum und der kompletten Zerstörung der natürlichen Grundlagen des Lebens.

Damit wird die von der fossilen Industrie seit Jahrzehnten verfolgte Strategie der Leugnung der Klimaerwärmung und wissenschaftlichen Erkenntnissen über den Klimawandeln in Frage

---

Bauernverband und nicht zu vergessen die Kohle- und Atomkonzerne wie RWE, EON, ENBW, Vattenfall

[14]Die nach-politische Karriere von Sigmar Gabriel zeigt dies ganz deutlich: Wikipedia, *Siegmar Gabriel*

zu stellen nochmals forciert.[15] Diese Strategie hat Millionen von Menschen das Leben gekostet, und wird weiterhin Millionen von Menschen das Leben kosten. Gleichzeitig wird die Erde unbewohnbar, wenn diese Lügner nicht gestoppt werden. Sie dürfen keine große öffentliche Plattform bekommen (die sie im Moment aufgrund ihrer wissenschaftlichen Reputation in anderen Feldern haben) auf denen über Klimawandel, oder andere Themen die die gesamte Menschheit betreffen, diskutiert wird. Ihr Einfluss auf die Politik und Öffentlichkeit muss auf Null zurückgeschraubt werden.

Wir sollten uns keine Illusionen über die Stärke und Macht dieser Klasse machen. Wird sie nicht aktiv bekämpft, wird sich nichts ändern. Es geht also darum, den Klassenkampf gegen diese Klasse zu organisieren und auch zu führen. Einen anderen Weg diese Klasse in ihrem für die gesamte Menschheit zerstörerischen Weg aufzuhalten ist nicht zu sehen.

---

[15]Oreskes, *Merchants of doubt: How a handful of scientists obscured the truth on issues from tobacco smoke to global warming*, S. 35.

7. Öko-Kommunismus

Bevor wir in die Diskussion über eine alternative Lebensweise einsteigen, sei hier auf den Fortschritt bei der Reduzierung fossiler Energien hingewiesen. In 2024 übertraf die Energieerzeugung durch Solarenergie innerhalb der EU erstmals die Energieerzeugung durch fossile Energie. Trotz aller Klimaleugner und

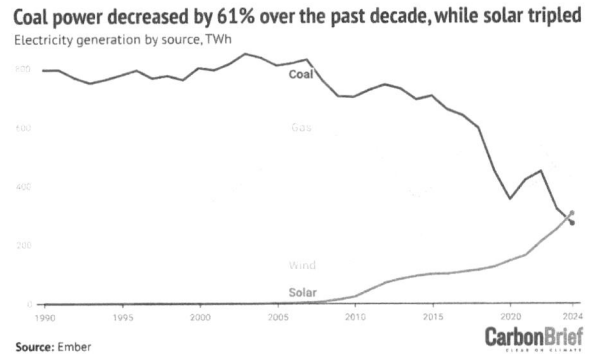

Abbildung 7.1.:
Quelle: Carbonbrief, *DeBriefed 24 January 2025*

-verhinderer scheint sich das kapitalistische System langsam auf den Weg zu einer solaren Ökonomie zu machen, und es scheint so, dass dies nicht mehr umkehrbar ist, trotz allen Gegenwindes aus dem Lager der fossilen Befürworter und Klimaleugner. Es geht also in ganz kleinen Schritten voran.

Auf der anderen Seite hat sich gezeigt, dass die bisher regierenden Parteien, egal ob CDU, SPD, FDP; Grüne in Deutschland; egal welcher Couleur in anderen Ländern, nichts dazu beigetragen haben die Klimakatastrophe zu verhindern bzw. zu lindern. Vielmehr trugen sie dazu bei, den Kapitalismus, der die Umwelt zerstört und die Ursache für die Klimakatastrophe ist, zu stärken und zu stabilisieren. Also eine klare und starke Gegenbewegung. Alle von dieser Seite gemachten alternativen Vorschläge zur Bekämpfung der Klimakatastrophe, bleiben bei noch nicht existierender Technologie stehen, mit der Vertröstung auf Besserung in einer fernen Zukunft. Eine reale Veränderung wird von der herrschenden Klasse nicht angestrebt. Konkret wird im Moment von der herrschenden Klasse nichts dafür getan, den Kapitalismus aufzuhalten, zu verändern oder zu beseitigen. Es gibt keine mir bekannten Vorschläge, wie sich der Kapitalismus auf der vorhandenen Basis hin zu einem „nachhaltigen Kapitalismus" erneuern könnte, da die technologischen Vorschläge zur Behebung der Umweltschäden nicht realisiert sind und in absehbarer Zeit auch nicht realisiert werden.

Damit stellt sich die erste Frage:

Wie viel Zeit bleibt noch um den Klimawandel zu stoppen?

„Wie lange haben wir noch? Wie schnell müssen die Emissionen drastisch reduziert werden, um einen gefährlichen Klimawandel abzuwenden? In einer Hinsicht könnte die Antwort sein: Es ist schon zu spät. Ein gefährlicher Klimawandel ist bereits voll im Gange. Auch wenn wir heute alle Emissionen stoppen würden, gäbe es Verschlechterungen, weil die Erderwärmung davon abhängt, welche Menge an Treibhausgasen sich insgesamt in der Atmosphäre befindet, und es dauert Jahre, bis die heutigen Emissionen ihre vollständigen Auswirkungen entfalten. Darüber hinaus brauchen die natürlichen Prozesse Jahrhunderte, wenn nicht Jahrtausende, um das CO_2 in der Atmosphäre abzubauen. Es ist unvermeidbar, dass weitere Gletscher schmelzen, der Meeresspiegel weiter ansteigt und vermehrt Wetterextreme auftreten. (...) Wir haben also nicht viel Zeit."[1]

Das sind keine sehr guten Aussichten für die Menschheit. Trotz aller Anstrengungen zur Reduzierung der Emissionen und Vermeidung der Verletzung der planetarischen Grenzen, wird uns die Umweltzerstörung noch über viele Jahrzehnte begleiten. Viele Menschen und mehrere Generationen werden damit beschäftigt sein, die Schäden zu reparieren und weitere Zerstörungen zu vermeiden. Wird das nicht getan, nähern wir uns schneller unserem Ende als wir uns das bis jetzt vorstellen konnten.

Womit wir bei der zweiten Frage sind:

Wie könnte eine alternative Gesellschaftsform aussehen?

Wir können hier nicht bis ins Detail eine alternative Gesellschaft entwickeln. Was wir hier machen können: die groben Rahmenbedingungen formulieren um den zerstörerischen Kapitalismus aufzuhalten. Aus der gesamten Literatur über den Klimawandel ist mir nicht bekannt, dass alternative Lebensweisen angesprochen wurden. Überwiegend wurden die Zerstörungen diskutiert, die sich durch die kapitalistische Organisation der Gesellschaft ergeben haben, sowie teilweise Bedingungen formuliert wie dies aufgehalten werden könnte. Eine grundlegende Diskussion über eine andere Lebensweise scheint nur ab und an mal auf den

---

[1] Angus, *Im Angesicht des Anthropozäns: Klima und Gesellschaft in der Krise*, S. 194–195.

Transparenten von „Fridays for Future" und „Ende Gelände" auf: **System Change not Climate Change**. Ob die gesamte Bewegung diese Losung vollständig begriffen hat, scheint zweifelhaft.

Schauen wir uns also kurz an was aus der Klimakrise als Alternative herauswachsen könnte. Als grundlegende Notwendigkeit zur Veränderung des Kapitalismus muss die Kontrolle über die verausgabte Arbeitszeit innerhalb der kapitalistischen Produktionsweise gewonnen werden. Was bedeutet, die Fabriken müssen auf breiter Front von der Arbeiterklasse[2] übernommen werden. Es gilt also, die Herrschaft über die verausgabte gesellschaftliche Arbeitszeit zu erobern bzw. wieder zurück zu gewinnen. Erst damit wird eine gemeinschaftliche Produktion möglich, in der die Gesellschaft gemeinsam darüber bestimmt, wieviel Arbeitszeit für welche Aufgaben verbraucht wird. Marx hatte das schon frühzeitig erkannt:

> „Gemeinschaftliche Produktion vorausgesetzt, bleibt die Zeitbestimmung natürlich wesentlich. Je weniger Zeit die Gesellschaft bedarf, um Weizen, Vieh etc. zu produzieren, desto mehr Zeit gewinnt sie zu andrer Produktion, materieller oder geistiger. Wie bei einem einzelnen Individuum hängt die Allseitigkeit ihrer Entwicklung, ihres Genusses und ihrer Tätigkeit von Zeitersparung ab. Ökonomie der Zeit, darin löst sich schließlich alle Ökonomie auf. Ebenso muß die Gesell-

---

[2]Wir reden hier nur von der Arbeiterklasse. Grundsätzlich müssen alle Lohnabhängigen (also alle Proletarier) im Kapitalismus daran interessiert sein, ihre Produktionsbedingungen selbst zu bestimmen. Das funktioniert im Kapitalismus nur darüber, dass die herrschende Klasse, also denjenigen die das rechtliche Eigentum an den Produktionsmittel besitzen, und dazu gehört der Einkauf menschlicher Arbeitskraft, davon enteignet werden.

schaft ihre Zeit zweckmäßig einteilen, um eine ihren Gesamtbedürfnissen gemäße Produktion zu erzielen; (...) Ökonomie der Zeit sowohl wie planmäßige Verteilung der Arbeitszeit auf die verschiednen Zweige der Produktion bleibt also erstes ökonomisches Gesetz auf Grundlage der gemeinschaftlichen Produktion."[3]

Es geht hier also im ersten Schritt darum, dass in den Betrieben und Unternehmen die Macht von den Kapitalisten hin zu denjenigen verschoben wird, die in den Betrieben arbeiten - den Lohnabhängigen. Eine notwendige Voraussetzung dafür ist die Bildung von **basisdemokratisch gewählten Räten**. Die Räte sind die Basisform für die neue Gesellschaft. Die Mitglieder der Räte werden gewählt und können jederzeit abgewählt werden. So lange noch Reste des alten Kapitalismus bestehen, so lange werden die Kapitalisten gegen die Räte kämpfen. Von daher wird es notwendig sein in der Übergangsphase die grundlegenden Gremien, wie Aufsichtsräte etc paritätisch zu besetzen. Eine Möglichkeit dafür könnte eine drittelparitätische Besetzung sein: $\frac{1}{3}$ Kapitalisten - $\frac{1}{3}$ Arbeiter - $\frac{1}{3}$ Mitglieder der Gemeinde in der das Unternehmen ansässig ist. Alle Mitglieder haben die gleiche Stimme. Damit könnten zumindest auf Betriebs- und Unternehmensebene durchgängig demokratische Räte installiert werden.

Von der Unternehmensebene weg zur gesellschaftlichen Ebene ist es dann nur ein kleiner Schritt. Hier gelten die gleichen Bedingungen: Räte werden auf allen Ebenen gewählt und können jederzeit abgewählt werden. Es gibt keine Spezialisten (wie berufsmäßige Politiker). Auch auf gesellschaftlicher Ebene geht es letztlich darum, die gesellschaftliche Arbeitszeit vernünftig einzusetzen. Ziel ist: die Ausschaltung der Profitlogik wie sie

---

[3]Marx, „Grundrisse der Kritik der politischen Ökonomie", S. 105.

heute über die Preisfestsetzung des Marktmechanismus realisiert ist. Um diese grundsätzlich zu beseitigen kann auf die Allmende-Güter (wie von *Governing the Commons: The evolution of institutions for collective action* diskutiert) zurückgegriffen werden. Diese sind von der Profitlogik ausgeschlossen und können von einem Staat nicht verwaltet werden, sondern sind immer selbstverwaltet. Dabei kann davon ausgegangen werden, dass diese Allmende-Güter immer weiter um sich greifen und ausdehnen. Letztlich sollen die Produzenten darüber bestimmen wie sie mit den Allmende-Gütern umgehen.

Wir reden also bei der gesellschaftlichen Alternative von einer **Rätedemokratie**. Mit einer Rätedemokratie wird die Zentralisierung von Macht in bürokratischen Apparaten, wie in Russland und den daraus folgenden sozialistischen Ländern, deutlich vermieden. Auch populistische „Demokraten" wie in Ungarn, der Türkei oder den USA, sind damit von der Machtübernahme ausgeschlossen. Trotz allem muss sich die neue Rätedemokratie nach außen, gegen ihre unbarmherzigen Feinde, verteidigen. Zu diesem Zweck kann ein zentralisiertes Entscheidungsgremium gebildet werden, dass die Verteidigungsfähigkeit der Rätedemokratie sicherstellt.

„Der dritte Anlauf (...) muss also nicht nur in der Lage sein, im Inneren konsequent Demokratisierung, Geschlechtergerechtigkeit und Dezentralität als Ordnungsprinzip durchzusetzen, sondern gleichzeitig für die Verteidigung dieses weichen inneren Kerns in der Lage sein, nach außen die Härte und auch Fähigkeit zum zentral koordinierten Handeln zu entwickeln, die notwendig sind zur Verteidigung der neuen Ordnung gegen die alte, die, wie in der Vergangenheit, aggressiv versuchen wird, schon jeden Versuch einer alternativen Gesellschaft in der Wiege zu ersticken."[4]

Wer glaubt, das kann ja niemals funktionieren, sollte sich auf die Geschichte besinnen. Die erste Räterepublik wurde im März 1871 mit der **Pariser Kommune** errichtet.[5] Dabei entwickelte sich die folgende Grundform einer auf Räten basierenden Gesellschaftsform:

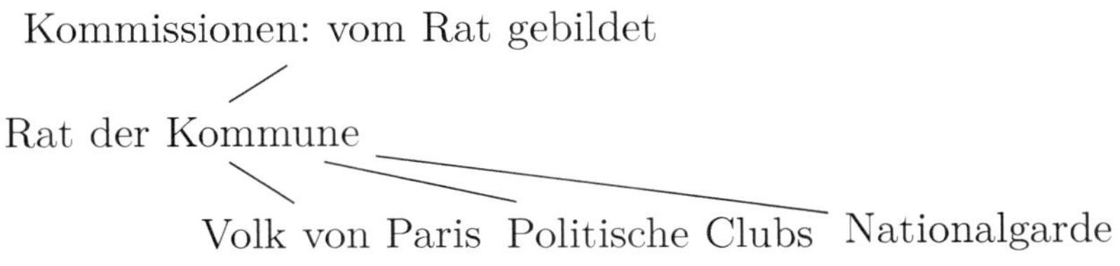

Kommissionen: vom Rat gebildet

Rat der Kommune

Volk von Paris Politische Clubs Nationalgarde

Abbildung 7.2.: Grundform Pariser Kommune

Im Mittelpunkt steht das Volk. Dieses wählt den Rat der Kommune. Von diesem Rat werden Kommissionen gebildet - für Wirtschaft, Finanzen, Bildung, Soziales usw. ähnlich politischen Ressorts. Der Rat kann vom Volk jederzeit abgewählt werden, genauso wie die Kommissionen aufgelöst werden können durch demokratischen Plebiszit des Volkes. Innerhalb der Pariser Kommune von 1871 bildeten sich noch weitere Organisationen wie die politischen Clubs und die Nationalgarde. In den politischen Clubs trafen sich die Arbeiter und diskutierten die erforderlichen Maßnahmen um die Kommune aufrecht zu erhalten, wie z.B. Verfolgung von Abtrünnigen oder Gegnern der Kommune; wie soll der Arbeitseinsatz organisiert werden auf lokaler Ebene?; wer betreut und verpflegt die Kinder; wie werden die Frauen

---

[4]Sohn, *Der dritte Anlauf: Alle Macht den Räten*, S. 169.
[5]Marx, „Der Bürgerkrieg in Frankreich. Adresse des Generalrats der Internationalen Arbeiterassoziation".

mit in den Kampf einbezogen wenn diese sowieso schon mitten-
drin waren. Also das tägliche Geschäft. Allgemeine Forderungen
wurden an den Rat der Kommune weitergegeben zur Verallgemei-
nerung für die Gesamtheit. Was die Pariser Kommune sträflich
vernachlässigt hat, war die Verteidigung von Paris nach außen.
Belagert von deutschen Truppen, die mit französischen Truppen
der Bourgeoisie verbündet waren, konnte sich die Pariser Kommune nur bis Mai 1871 halten. Zerstört durch brutale Angriffe
der französischen Armee mit Duldung und Unterstützung der
deutschen Belagerer. In der blutigen Maiwoche wurden bis zu
35.000 Kommunarden durch die französischen Regierungstrup-
pen von Thiers umgebracht. Die bourgeoise Reaktion feierte
ihren Sieg mit Errichtung der Dritten Republik, die bis 1940
hielt. Das erste Räteexperiment war blutig gescheitert zugunsten
der bürgerlichen Reaktion.

Ein weiteres Experiment mit Räten fand in Russland statt. In
der Februarrevolution von 1917 konstituierten sich Arbeiter- und
Soldatenräte (Sowjets). Diese übernahmen die Macht und verhin-
derten in Russland die Bildung einer bürgerlichen Regierung. Am
3. April 1917 kehrte **Wladimir Iljitsch Lenin** nach Russland
zurück. Als marxistisch geschulter Agitator verweigerte er die
Unterstützung der bürgerlichen Regierung. Militärische Nieder-
lagen und Versorgungsengpässe verschlimmerten zusehends die
Lage für die bürgerliche Regierung. Der bewaffnete Aufstand,
angeführt von Lenin und **Leo Trotzki**, setzte in der Nacht vom
24. auf den 25. Oktober 1917 die bürgerliche Regierung ab und
übernahm mit Hilfe der Sowjets die Macht. Bis zur Gründung
der Sowjetunion 1922 waren die Bolschewiki mit Kriegen und
Auseinandersetzungen beschäftigt. Bis zum Tode Lenins (1924)
funktionierte die Räterepublik relativ gut. Danach übernahm
eine Bürokratenkaste unter Leitung von **Josef Wissariono-
witsch Stalin** die Macht in der UdSSR. Gegen jede Warnung

von Lenin und Trotzki, verselbständigte sich diese Kaste, deren Mitglieder dann unter dem Namen „Apparatschiks" in den ehemaligen Staaten des „realen Sozialismus" bekannt wurden. Die Räte verschwanden aus der Öffentlichkeit und auch aus den Apparaten. Hier herrschten nun die Bürokraten. Wie bekannt, mit eher mäßigen bis gar keinem Erfolg bei der Versorgung der Massen. Das Endresultat war die Auflösung der UdSSR am 31. Dezember 1991.[6] Damit zerfiel der zweite Versuch einer Räterepublik. Einen weiteren Versuch hat es bis heute nicht gegeben.

Wie aus diesem geschichtlichen Exkurs zu sehen ist, gibt es keine einfache Lösung für eine alternative Gesellschaftsform. Was aber auch zu sehen ist, wenn die sich bietende Chance zu einer Veränderung im Zuge der Klimakrise nicht genutzt wird, könnte es für die Welt zu spät sein. Der Vormarsch populistischer und rechtsextremer Politiker, die an die Schalthebel der Macht gelangen, scheint in diesen Jahren unaufhaltsam. In deren Umfeld bewegt sich eine ganze Blase von Klimaleugner und -verzögerer. Alle setzen auf die ungebremste Macht des kapitalistischen Wachstums. Sie präferieren das „Immer weiter so"; besser noch: mit mehr fossilen Brennstoffen „Immer weiter so". Ohne radikale Eingriffe, sprich Revolution - oder „System Change", wird sich das nicht von alleine ändern.[7] Die Alternative kann nur eine wirkliche ökologische Kultur sein, also eine kommunistische Gesellschaft auf Basis der Rätedemokratie. Diese ist nicht darauf aufgebaut unendlichen Profit zu generieren und einer kleinen Klasse von Menschen zukommen zu lassen. Vielmehr geht es in der Produktion nach den Bedürfnissen der Gesellschaft.[8]

---

[6] Die DDR löste sich schon am 03. Oktober 1990 mit der Übernahme in die Bundesrepublik auf

[7] Angus, *Im Angesicht des Anthropozäns: Klima und Gesellschaft in der Krise*, S. 214.

[8] Ebd., S. 203.

7. Öko-Kommunismus

Auch wenn die linke Bewegung heute noch nicht die Kräfte hat diese Alternative sofort durchzusetzen, gilt es immer um diese Alternative zu kämpfen.[9]
Für den „System Change" müssen die Menschen mitgenommen werden. Dazu muss die Wahrheit über den Umbau formuliert werden. Dass es nicht einfach werden wird, ist jedem der sich mit dem Thema beschäftigt, bewusst. Was über die Veränderung gesagt werden kann ist folgendes:

1. Eine ökologische Zukunft lässt sich nur mit Verzicht gestalten. Die Menschen werden weitestgehend auf ihre Autos verzichten müssen; der westliche Lebensstil darf nicht zum Vorbild für alle werden; der individuelle Konsum wird eingeschränkt werden müssen; Flüge müssen gestoppt werden; Kreuzfahrten zum Vergnügen ebenfalls; alles was irgendwie mit einem hohen CO_2 Ausstoß zusammenhängt, muss gestoppt werden.

2. Was gewinnen die Menschen dadurch? Mehr freie Zeit für sich selbst und für eigenen Tätigkeiten; keinen Druck mehr von Seiten des Kapitals unbedingt arbeiten gehen zu müssen um den Lebensunterhalt zu verdienen; eine entspanntere Lebensweise: ruhiger, weniger oder gar kein Stress mehr.

Die Menschen müssen sich entscheiden: wollen sie weiterhin so leben wie bisher mit der Möglichkeit der völligen Zerstörung der Erde. Oder wollen sie rechtzeitig eingreifen um dem Wahnsinn der ökologischen Zerstörung Einhalt zu gebieten und dafür entspannter und ruhiger zu leben.

---

[9] Angus, *Im Angesicht des Anthropozäns: Klima und Gesellschaft in der Krise*, S. 214.

Literatur

Adler, Paul S. *The 99 percent economy: How democratic socialism can overcome the crises of capitalism.* Clarendon lectures in management studies. New York NY: Oxford University Press, 2023.

Albert, Michael. *Parecon: Leben nach dem Kapitalismus.* Frankfurt a.M.: Trotzdem-Verl.-Genossenschaft, 2006.

Amberger, Alexander. *Bahro - Harich - Havemann: Marxistische Systemkritik und politische Utopie in der DDR.* Paderborn: Ferdinand Schöningh, 2014.

Amery, Carl. *Natur als Politik: D. ökolog. Chance d. Menschen.* 1. Reinbek bei Hamburg: Rowohlt, 1976.

Angus, Ian. *Im Angesicht des Anthropozäns: Klima und Gesellschaft in der Krise.* Münster: Unrast, 2020.

Arendt, Hannah. *Elemente und Ursprünge totaler Herrschaft: Antisemitismus, Imperialismus, Totalitarismus.* 5. Aufl., ungekürzte Taschenbuchausg. München: Piper, 1996.

Babeuf, Gracchus. *Die Verschwörung für die Gleichheit: Rede über d. Legitimität d. Widerstandes.* 1. Aufl. Hamburg: Junius-Verl., 1988.

Bagehot, Walter. *Lombard Street: A Description of the Money Market.* LLC: Greenbook Publications, 2010.

Bahro, Rudolf. *Die Alternative: Zur Kritik des real existierenden Sozialismus.* Reinbek bei Hamburg: Rowohlt, 1980.

Baron, Christian. *Proleten, Pöbel, Parasiten: Warum die Linken die Arbeiter verachten.* [2. Auflage]. Berlin: Das Neue Berlin, 2016.

Bartsch, Klaus. „Makroökonometrischer Modellbau, Partizipative Demokratie und Arbeitswertlehre: Annäherungen an den Problemkreis". In: *Sozialismus XXI: Übergangsprogramm zm Demokratischen Sozialismus des 21. Jahrhunderts in Europa.* Hrsg. von Perspektive unabhängige Kommunikation puk e.V. Göttingen: AktivDruck-Verl., 2010, S. 171–188.

Becker, Matthias. *Automatisierung und Ausbeutung: Was wird aus der Arbeit im digitalen Kapitalismus?* 2017.

Behr, Alexander. *Globale Solidarität: Wie wir die imperiale Lebensweise überwinden und die sozial-ökologische Transformation umsetzen.* München: oekom, 2022.

Behrens, Uwe. *Feindbild China: Was wir alles nicht über die Volksrepublik wissen.* 1. Auflage. Berlin: edition ost, 2021.

Betz, Karl. *Jenseits der Konjunkturpolitik: Überlegungen zur langfristigen Wirtschaftspolitik in einer Geldwirtschaft.* Marburg: Metropolis-Verl., 2001.

Blühdorn, Ingolfur. „Die Gesellschaft der Nicht-Nachhaltigkeit". In: *Nachhaltige Nicht-Nachhaltigkeit.* Hrsg. von Ingolfur Blühdorn. X-Texte zu Kultur und Gesellschaft. Bielefeld: transcript, 2020, S. 83–160.

— „Haben wir es gewollt?" In: *Nachhaltige Nicht-Nachhaltigkeit.* Hrsg. von Ingolfur Blühdorn. X-Texte zu Kultur und Gesellschaft. Bielefeld: transcript, 2020, S. 31–45.

— „Im Zeichen des Virus: Vorwort zur zweiten Auflabe". In: *Nachhaltige Nicht-Nachhaltigkeit.* Hrsg. von Ingolfur Blühdorn. X-Texte zu Kultur und Gesellschaft. Bielefeld: transcript, 2020, S. 9–25.

— „Kein gutes Leben für Alle! Annäherung an einen Paradigmenwechsel". In: *Nachhaltige Nicht-Nachhaltigkeit.* Hrsg.

von Ingolfur Blühdorn. X-Texte zu Kultur und Gesellschaft. Bielefeld: transcript, 2020, S. 47–82.

— Hrsg. *Nachhaltige Nicht-Nachhaltigkeit: Warum die ökologische Transformation der Gesellschaft nicht stattfindet.* 2., aktualisierte Auflage. X-Texte zu Kultur und Gesellschaft. Bielefeld: transcript, 2020.

Bordieu, Pierre. „Postscriptum: Einigen und herrschen - vom nationalen zum internationalen Feld". In: *Der Einzige und sein Eigenheim.* Hrsg. von Margareta Steinrücke. Schriften zu Politik & Kultur. Hamburg: VSA-Verl., 2002, S. 227–238.

Bourdieu, Pierre. *Der Einzige und sein Eigenheim.* Erw. Neuausg. Bd. 3. Schriften zu Politik & Kultur. Hamburg: VSA-Verl., 2002.

— *Die feinen Unterschiede: Kritik der gesellschaftlichen Urteilskraft.* 28. Aufl. Frankfurt am Main: Suhrkamp Verlag, 2021.

Braband, Carsten. *Linke Triggerpunkte: Gesellschaftliche Haltungen und Klassenlagen von (potenziellen) Linke-Wähler*innen.* Hrsg. von Rosa-Luxemburg-Stiftung. Berlin, 2024. URL: `%5Curl%7Bhttps://www.rosalux.de/publikation/id/52578/linke-triggerpunkte%7D`.

Brand Ulrich;Wissen, Markus. *Imperiale Lebensweise: Zur Ausbeutung von Mensch und Natur im globalen Kapitalismus.* 7. Aufl. München: oekom verlag, 2017.

— *Kapitalismus am Limit: Öko-imperiale Spannungen, umkämpfte Krisenpolitik und solidarische Perspektiven.* München: oekom, 2024.

Brundtland, Gro Harlem. *Our Common Future: Report of the World Commision on Envirement and Development.* Hrsg. von United Nations. New York, 1987.

Brynjolfsson, Erik und Andrew McAfee. *The second machine age: Wie die nächste digitale Revolution unser aller Leben verändern wird*. 6. Auflage. Kulmbach: Börsenmedien Aktiengesellschaft, 2016.

Buber, Martin. *Pfade in Utopia*. Heidelberg: Lambert Schneider, 1950.

Buller, Adrienne. *Der Wert eines Wales: Über die Illusionen des grünen Kapitalismus*. 1. Auflage. Heidenrod: Continentia Verlag, 2024.

Bundesministerium für Umwelt, Naturschutz, Bau und Reaktorsicherheit. *Den ökologischen Wandel gestalten: Integriertes Umweltprogramm 2030*. Hrsg. von Bundesministerium für Umwelt, Naturschutz, Bau und Reaktorsicherheit. Berlin, 2016.

Butollo, Florian und Sabine Nuss, Hrsg. *Marx und die Roboter: Vernetzte Produktion, Künstliche Intelligenz und lebendige Arbeit*. 1. Auflage. Analysen. Berlin: Dietz, 2019.

Callenbach, Ernest. *Ökotopia: Roman*. Ditzingen: Reclam, 2022.

Canfora, Luciano. *Das Auge des Zeus: Deutsche Geschichtsschreibung zwischen Dummheit und Demagogie ; Antwort an meine Kritiker*. Bd. 43. KonkretTexte. Hamburg: KVV Konkret, 2006.

— *Eine kurze Geschichte der Demokratie: Von Athen bis zur Europäischen Union*. 2. Aufl. Köln: PapyRossa-Verl., 2007.

Carbonbrief. *Analysis: 95% of countries miss UN deadline to submit 2035 climate pledges*. 2025. URL: `%5Curl%7Bhttps://www.carbonbrief.org/analysis-95-of-countries-miss-un-deadline-to-submit-2035-climate-pledges/?utm_source=cbnewsletter&utm_medium=email&utm_term=2025-02-12&utm_campaign=Daily+Briefing+12+02+2025%7D` (besucht am 12.02.2025).

— *DeBriefed 24 January 2025*. 24.01.2025. URL: `%5Curl%7Bhttps://www.carbonbrief.org/debriefed-24-january-2025-trump-leaves-paris-agreement-eu-solar-outshines-`

coal‑tracing‑climate‑fingerprints‑on‑tropical‑ storms/%7D (besucht am 24. 01. 2025).

— *The Carbon Brief Profile.* 19.02.2025. URL: %5Curl%7Bhttps: //interactive.carbonbrief.org/the‑carbon‑brief‑ profile‑germany/index.html?utm_source=cbnewsletter& utm_medium=email&utm_term=2025‑02‑19&utm_campaign= Daily+Briefing+19+02+2025%7D (besucht am 19. 02. 2025).

Carbonmajors. *2023 Data Update.* 2025. URL: %5Curl%7Bhttps: //carbonmajors.org/briefing/The‑Carbon‑Majors‑ Database‑2023‑Update‑31397%7D (besucht am 05. 03. 2025).

Carrington, Damian. *Climate crisis has tripled length of deadly ocean heatwaves, study finds.* Hrsg. von The Guardian. 2025. URL: %5Curl%7Bhttps://www.theguardian. com/environment/2025/apr/14/climate‑crisis‑has‑ tripled‑length‑of‑deadly‑ocean‑heatwaves‑study‑ finds%7D (besucht am 15. 04. 2025).

Carson, Rachel. *Der stumme Frühling.* München: C.H. Beck, 2017.

Castoriadis, Cornelius. *Arbeiterräte und selbstverwaltete Gesellschaft.* 1. Aufl. Frankfurt (Main): Verlag Neue Kritik, 1974.

CDU Bundesfachausschuss Klimapolitik. *Chancen auf dem Weg in das Zeitalter der erneuerbaren Energien.* Hrsg. von CDU Bundesfachausschuss Klimapolitik.

CDU Bundesvorstand. *RIO-20-PLUS DER WEG IN EINE NACHHALTIGE ZUKUNFT.* Hrsg. von CDU Bundesvorstand. o.O., 2012.

Climate and Capitalism. *Fossil fuel CO2 emissions set new record.* 2024. URL: %5Curl%7Bhttps://climateandcapitalism. com/2024/11/13/fossil‑fuel‑co2‑emissions‑still‑ going‑up/%7D (besucht am 14. 11. 2024).

Coase, Ronald. *The Problem of Social Cost.* Chicago, 1960. URL: %5Curl%7Bhttp://www.jstor.org/stable/724810%7D.

Cockshott, W. Paul. „Ökonomisches Übergangsprogramm zum Sozialismus des 21. Jahrhunderts in der Europäischen Union". In: *Sozialismus XXI: Übergangsprogramm zm Demokratischen Sozialismus des 21. Jahrhunderts in Europa*. Hrsg. von Perspektive unabhängige Kommunikation puk e.v. Göttingen: AktivDruck-Verl., 2010, S. 29–54.

Cockshott, W. Paul und Allin Cottrell. *Alternativen aus dem Rechner: Für sozialistische Planung und direkte Demokratie*. Köln: PapyRossa-Verl., 2006.

— *Sozialismus ist machbar*. 2011. URL: `%5Curl%7Bhttp://www.helmutdunkhase.de/haupt.pdf%7D`.

Cockshott, William Paul. *How the world works: The story of human labor from prehistory to the modern day*. New York: Monthly Review Press, 2019.

Copernicus. *Global Climate Highlights 2024*. 2025. URL: `%5Curl%7Bhttps://climate.copernicus.eu/global-climate-highlights-2024%7D` (besucht am 16. 04. 2025).

Correctiv. *Gas und Öl statt Klimaschutz: Wer Trumps Pläne nach Deutschland bringt*. 2024. URL: `%5Curl%7Bhttps://correctiv.org/aktuelles/klimawandel/2024/12/06%7D` (besucht am 07. 12. 2024).

— *Was ist mit Klimapolitik?* 2025. URL: `%5Curl%7Bhttps://correctiv.org/spotlight-newsletter/was-ist-mit-klimapolitik/%7D` (besucht am 28. 03. 2025).

Coulthard, Glen Sean. *Rote Haut, weiße Masken: Gegen die koloniale Politik der Anerkennung*. 1. Aufl. Münster: Unrast, 2020.

Crary, Jonathan. *180°: Zu spät für den Kapitalismus*. Berlin: Verlag Klaus Wagenbach, 2023.

Daly, Herman E. *Beyond growth: The economics of sustainable development*. Boston, Mass.: Beacon Press, 1996.

Dath, Dietmar. *Der Schnitt durch die Sonne: Roman*. Frankfurt am Main: S. Fischer, 2017.

— *Maschinenwinter: Wissen, Technik, Sozialismus ; eine Streitschrift*. 6. Bd. 8. Edition Unseld. Frankfurt, M.: Suhrkamp, 2022.

Daum, Timo. *Das Kapital sind wir: Zur Kritik der digitalen Ökonomie*. 2. Auflage. Hamburg: Edition Nautilus, 2017.

— *Die Künstliche Intelligenz des Kapitals*. Hamburg: Edition Nautilus, 2019.

„Deadly floods and storms affected more than 400,000 people in Europe in 2024". In: *The Guardian* (2025-04-15). URL: `%5Curl%7Bhttps://www.theguardian.com/environment/2025/apr/15/europe-storms-floods-and-wildfires-in-2024-affected-more-than-400000%7D` (besucht am 15. 04. 2025).

Deflorian, Michael. „Transformative Bewegungen? Nischenaktivismus zwischen Management und Überwindung der sozial-ökoogischen Krise". In: *Nachhaltige Nicht-Nachhaltigkeit*. Hrsg. von Ingolfur Blühdorn. X-Texte zu Kultur und Gesellschaft. Bielefeld: transcript, 2020.

Dell'Umbria, Alèssi. „Full Metal Yellow Jacket". In: *»Where have all the Rebels gone?«* Hrsg. von Christopher Wimmer. Münster: Unrast, 2020.

Dellheim Judith;Peukert, Helge. „Vorbild Kriegswirtschaft. Kontroversen um den ökologischen Umbau". In: *LuXemburg. Gesellschaftsanalyse und linke Praxis* 1 (2024), S. 104–109.

Deutsche IPCC-Koordinierungsstelle. *Beitrag von Arbeitsgruppe I zum Sechsten IPCC-Sachstandsbericht, Zusammenfassung für die politische Entscheidungsfindung*. 2022.

— *Beitrag von Arbeitsgruppe I zum Sechsten IPCC-Sachstandsbericht: Zusammenfassung für die politische Entscheidungsfindung*. 2022. DOI: `\url{10.48585/zmpb-kk68}`.

Deutscher Bundestag. *Schlussbericht der Enquete Kommission "Wachstum, Wohlstand, Lebensqualität - Wege zu nachhaltigem Wirtschaften und gesellschaftlichem Fortschritt in der Sozialen Marktwirtschaft".* Hrsg. von Deutscher Bundestag. 2013. URL: `%5Curl%7Bhttps://webarchiv.bundestag. de/archive/2013/1212/bundestag/gremien/enquete/ wachstum/Schlussbericht/17-13300.pdf%7D` (besucht am 13.08.2024).

Diamond, Jared. *Kollaps: Warum Gesellschaften überleben oder untergehen.* Frankfurt am Main: Fischer-Taschenbuch-Verl., 2006.

Die Linke. *Soial.Gerecht.Frieden.Für Alle: Die Zukunft, für die wir kämpfen: Wahlprogramm zur Bundestagswahl 2017.* Hrsg. von Die Linke. Berlin, 2017.

Dieterich, Heinz. *Der Sozialismus des 21. Jahrhunderts: Wirtschaft, Gesellschaft und Demokratie nach dem globalen Kapitalismus.* Berlin: Homilius, 2006.

Ditfurth, Jutta. *Feuer in die Herzen: Gegen die Entwertung des Menschen.* Erw. und aktualisierte Neuausg. Hamburg: Konkret-Literatur-Verl., 1997.

Dutschke, Rudi. *Versuch, Lenin auf die Füße zu stellen: Über den halbasiatischen und den westeuropäischen Weg zum Sozialismus ; Lenin, Lukács und die Dritte Internationale: Zugl.: Berlin, Freie Univ., Diss., 1974.* Bd. 53. Politik. Berlin: Wagenbach, 1974.

Ebermann Thomas;Creutzer, Johannes. *Störung im Betriebsablauf: Systemirrelevante Betrachtungen zur Pandemie.* Bd. 80. Konkret Texte. Hamburg: KVV konkret, 2021.

Ebermann, Thomas. *Linke Heimatliebe: Eine Entwurzelung.* 2. Auflage. Bd. 75. Konkret Texte. 2019.

Ekins, Paul. „Wie wird die Welt von morgen sein? Szenario Wirtschaft". In: *Perspektiven einer nachhaltigen Entwicklung.*

Hrsg. von Klaus Welzer Harald;Wiegandt. Frankfurt am Main: Fischer, 2012.

El Akkad, Omar. *American war: Roman*. Frankfurt am Main: Fischer Taschenbuch Verlag, 2018.

Elsberg, Marc. *Blackout: Morgen ist es zu spät*. 15. Aufl., Taschenbuchausg. München: Blanvalet, 2013.

— *GIER - Wie weit würdest du gehen? Roman*. München: Blanvalet, 2020.

Engels, Friedrich. „3. Komiteebrief an das kommunistische Korrespondenz Komitee in Brüssel". In: *Marx Engels Werke*. Bd. 27. Marx Engels Werke. Berlin: Dietz Verlag, 1982, S. 60–64.

— „Brief an Franz Mehring vom 14. Juli 1893". In: *Marx Engels Werke*. Bd. 39. Marx Engels Werke. Berlin: Dietz Verlag, 1982, S. 96–100.

— „Brief an Karl Kautsky vom 1. Februar 1881". In: *Marx Engels Werke*. Bd. 35. Marx Engels Werke. Berlin: Dietz Verlag, 1982, S. 150–152.

— „Brief an Karl Kautsky vom 12. September 1882". In: *Marx Engels Werke*. Bd. 35. Marx Engels Werke. Berlin: Dietz Verlag, 1982, S. 356–358.

— „Brief an Karl Kautsky vom 7. Februar 1882". In: *Marx Engels Werke*. Bd. 35. Marx Engels Werke. Berlin: Dietz Verlag, 1982, S. 269–273.

— „Der deutsche Bauernkrieg". In: *Marx Engels Werke*. Bd. 7. Marx Engels Werke. Berlin: Dietz Verlag, 1982, S. 327–413.

— „Der Sozialismus des Herrn Bismarck". In: *Marx Engels Werke*. Bd. 19. Marx Engels Werke. Berlin: Dietz Verlag, 1982, S. 167–175.

— „Dialektik der Natur". In: *Marx Engels Werke*. Bd. 20. Marx Engels Werke. Berlin: Dietz Verlag, 1982, S. 307–570.

Engels, Friedrich. „Die Entwicklung des Sozialismus von der Utopie zur Wissenschaft". In: *Marx Engels Werke*. Bd. 19. Marx Engels Werke. Berlin: Dietz Verlag, 1982, S. 181–228.

— „Die Lage der arbeitenden Klasse in England. Nach eigner Anschauung und authentischen Quellen". In: *Marx Engels Werke*. Bd. 2. Marx Engels Werke. Berlin: Dietz Verlag, 1982, S. 225–506.

— „Die Mark". In: *Marx Engels Werke*. Bd. 19. Marx Engels Werke. Berlin: Dietz Verlag, 1982, S. 315–330.

— „Einleitung zu Karl Marx: Lohnarbeit und Kapital". In: *Marx Engels Werke*. Bd. 6. Marx Engels Werke. Berlin: Dietz Verlag, 1982, S. 593–599.

— „Herrn Eugen Dührings Umwälzung der Wissenschaft (Anti-Dühring)". In: *Marx Engels Werke*. Bd. 20. Marx Engels Werke. Berlin: Dietz Verlag, 1982, S. 5–303.

— „Schriften bis 1844". In: *Marx Engels Werke*. Bd. 41. Marx Engels Werke. Berlin: Dietz Verlag, 1982.

— „Umrisse zu einer Kritik der Nationalökonomie". In: *Marx Engels Werke*. Bd. 1. Marx Engels Werke. Berlin: Dietz Verlag, 1982, S. 499–524.

— „Vorwort zur ersten deutschen Ausgabe von Karl Marx' Schrift "Das Elend der Philosophie"". In: *Marx Engels Werke*. Bd. 21. Marx Engels Werke. Berlin: Dietz Verlag, 1982, S. 175–187.

Engert, Klaus. *Ökosozialismus - das geht!* Orig.-Ausg. Köln: ISP, 2010.

Eribon, Didier. *Gesellschaft als Urteil: Klassen, Identitäten, Wege*. 2. Berlin: Suhrkamp Verlag, 2021.

— *Rückkehr nach Reims*. 20. Aufl. Berlin: Suhrkamp Verlag, 2020.

Eversmann, Ludger. *Marx' Reise ins digitale Athen: Eine kleine Geschichte von Kapital, Arbeit, Waren und ihrer Zukunft*. 1. Auflage. 2019.

Farmers Fable. *Farmers Fable. A Tale of Cooperation*. 2020. URL: `%5Curl%7Bhttps://www.farmersfable.org/%7D` (besucht am 08. 08. 2020).

Felber, Christian. *Gemeinwohl-Ökonomie*. 1. Aufl. München: Piper, 2018.

Fischbach, Rainer. *Die schöne Utopie: Paul Mason, der Postkapitalismus und der Traum vom grenzenlosen Überfluss*. Köln: PapyRossa, 2017.

Foer, Jonathan Safran. *Wir sind das Klima! Wie wir unseren Planeten schon beim Frühstück retten können*. 2. Auflage. Köln: Kiepenheuer & Witsch, 2019.

Ford, Martin. *Aufstieg der Roboter: Wie unsere Arbeitswelt gerade auf den Kopf gestellt wird - und wie wir darauf reagieren müssen*. Kulmbach: Plassen Verlag, 2016.

Foster, John Bellamy. *Der ökologische Bruch: Der Krieg des Kapitals gegen den Planeten*. Hamburg: LAIKA, 2011.

— *The return of nature: Socialism and ecology*. New York: Monthly Review Press, 2020.

Frances, Allen. *Amerika auf der Couch: Ein Psychiater analiysiert das Trump-Zeitalter*. 1. Auflage. Köln: DuMont Buchverlag, 2018.

Fraser, Nancy. *Der Allesfresser: Wie der Kapitalismus seine eigenen Grundlagen verschlingt*. 2. Aufl. Berlin: Suhrkamp, 2023. ISBN: 978-3-518-02983-1.

Freie Demokraten. *Denken wir neu: Bundestagesprogramm der FDP zur Bundestagswahl 2017*. Hrsg. von Freie Demokraten. Berlin.

Friedman, Milton. *Die optimale Geldmenge und andere Essays*. Frankfurt am Main: Fischer, 1976.

Friedman, Milton. *Kapitalismus und Freiheit.* Frankfurt/M: Ullstein, 1984.

Galtung, Johan. *Sozialismus XXI.* Göttingen: AktivDruck-Verl., 2010.

GHG emissions of all world countries. Luxembourg: Publications Office, 2024. DOI: \url{10.2760/4002897}. URL: %5Curl%7Bhttps://edgar.jrc.ec.europa.eu/report_2024%7D (besucht am 20.11.2024).

Gorz, André. *Auswege aus dem Kapitalismus: Beiträge zur politischen Ökologie.* 3. Aufl. Zürich: Rotpunktverl., 2011.

Götze Susanne;Joeres, Annika. *Die Klimaschmutzlobby: Wie Politiker und Wirtschaftslenker die Zukunft unseres Planeten verkaufen.* Aktualisierte Taschenbuchausgabe. München: Piper, 2022.

Graeber, David. *Bullshit Jobs: Vom wahren Sinn der Arbeit.* Stuttgart: Klett-Cotta, 2020.

— *Schulden: Die ersten 5.000 Jahre.* Taschenbuchausg., 1. Aufl. München: Goldmann, 2014.

Graeber, David und David Wengrow. *Anfänge: Eine neue Geschichte der Menschheit.* 3. Aufl. Stuttgart: Klett-Cotta, 2024.

Grams, Florian. *Die Pariser Kommune.* Köln: PapyRossa-Verl., 2014.

Grattan, Steven. *Indigenous migrants in northern Colombia battle worsening droughts and floods.* 2025. URL: %5Curl%7Bhttps://apnews.com/article/indigenous-climate-change-migrant-colombia-drought-flood-wayuu-venezuela%7D (besucht am 05.03.2025).

Gremliza, Hermann L. *Haupt- und Nebensätze.* Berlin: Suhrkamp, 2016.

Grossmann, Henryk. *Das Akkumulations- und Zusammenbruchs-gesetz des kapitalistischen Systems.* Leipzig: C.L. Hirschfeld, 1929.

Gruppen gegen Kapital und Nation. *Die Misere hat System: Kapitalismus.* 2016. URL: `%5Curl%7Bhttps://gegen-kapital-und-nation.org/%7D`.

Guardian. *Half of world's CO2 emissions come from 36 fossil fuel firms.* 2025. URL: `%5Curl%7Bhttps://www.theguardian.com/environment/2025/mar/05/half-of-worlds-co2-emissions-come-from-36-fossil-fuel-firms-study-shows?utm_source=cbnewsletter&utm_medium=email&utm_term=2025-03-05&utm_campaign=Daily+Briefing+05+03+2025%7D` (besucht am 05. 03. 2025).

Hacks, Peter. *Marxistische Hinsichten: Politische Schriften 1955-2003.* Berlin: Eulenspiegel Verlag, 2018.

Hannah Ritchie and Max Roser. *CO_2 Emissions.* 2020. URL: `%5Curl%7Bhttps://ourworldindata.org/co2-emissions%7D`.

Hansen, James. *Storms of My Grandchildren.* London: Bloomsbury Publishing, 2011.

Harari, Yuval Noah. *21 Lektionen für das 21. Jahrhundert.* 9. Aufl. München: C.H. Beck, 2023.

— *Homo deus: Eine Geschichte von Morgen.* München: C.H. Beck, 2017.

— *Nexus: Eine kurze Geschichte der Informationsnetzwerke von der Steinzeit bis zur künstlichen Intelligenz.* 1. Aufl. München: Penguin Verlag, 2024.

Hardt, Michael und Antonio Negri. *Empire: Die neue Weltordnung.* Frankfurt/Main: Campus Verl., 2003.

Harich, Wolfgang. *Kommunismus ohne Wachstum? Babeuf und der "Club of Rome"; sechs Interviews mit Freimut Duve und Briefe an ihn.* 1. Aufl. Reinbek bei Hamburg: Rowohlt, 1975.

Hartmann, Detlef. *Krisen - Kämpfe - Kriege: Innovative Barbarei gegen soziale Revolution - Kapitalismus und Massengewalt im 20. Jahrhundert*. Bd. Band 2. Krisen - Kämpfe - Kriege. Berlin und Hamburg: Assoziation A, 2019.

Hartmann, Detlef und Christopher Wimmer. *Die Kommunen vor der Kommune 1870/71: Lyon, Le Creusot, Marseille, Paris*. Berlin und Hamburg: Assoziation A, 2021.

Hartmann, Kathrin. *Aus kontrolliertem Raubbau: Wie Politik und Wirtschaft das Klima anheizen, Natur vernichten und Armut produzieren*. 1. Aufl. München: Blessing, 2015.

— *Die grüne Lüge: Weltrettung als profitables Geschäftsmodell*. München: Blessing, 2018.

— *Grüner wird's nicht: Warum wir mit der ökologischen Krise völlig falsch umgehen*. München: Blessing, 2020.

— *Öl ins Feuer: Wie eine verfehlte Klimapolitik die globale Krise vorantreibt*. Originalausgabe. Hamburg: Rowohlt Polaris, 2024.

Hauff, Volker, Hrsg. *Unsere Gemeinsame Zukunft: Brundlandt-Bericht*. Greven: Eggenkamp Verlag, 1987.

Hausfather, Zeke. *State of the climate: 2024 will be first year above 1.5C of global warming*. 2024. URL: `%5Curl%7Bhttps://www.carbonbrief.org/state-of-the-climate-2024-will-be-first-year-above-1-5c-of-global-warming/?utm_source=cbnewsletter&utm_medium=email&utm_term=2024-11-11&utm_campaign=Daily+Briefing+08+11+2024%7D` (besucht am 11. 11. 2024).

— *Visualizing daily global temperatures*. 2025. URL: `%5Curl%7Bhttps://www.theclimatebrink.com/p/visualizing-daily-global-temperatures?utm_source=cbnewsletter&utm_medium=email&utm_term=2025-03-06&utm_campaign=Daily%2BBriefing%2B06%2B03%2B2025%7D`.

Hausknost, Daniel. „Die gläserne Decke der Transformation: Strukturelle Blockaden im demokratischen Staat". In: *Nachhaltige Nicht-Nachhaltigkeit*. Hrsg. von Ingolfur Blühdorn. X-Texte zu Kultur und Gesellschaft. Bielefeld: transcript, 2020, S. 161–190.

Havemann, Robert. *Morgen: Die Industriegesellschaft am Scheideweg. Kritik und reale Utopie*. München, Zürich: Piper, 1980.

Hayek, Friedrich August von und Alfred Bosch. *Die Verfassung der Freiheit*. 4. Aufl., (erneut durchges.) Bd. Bd. 3. Bücher. Tübingen: Mohr-Siebeck, 2005.

Herrmann, Ulrike. *Das Ende des Kapitalismus: Warum Wachstum und Klimaschutz nicht vereinbar sind - und wie wir in Zukunft leben werden*. 2. Aufl. Köln: Kiepenheuer & Witsch, 2024.

Hilferding, Rudolf. *Das Finanzkapital*. Frankfurt am Main: Europäische Verlagsanstalt, 1968.

Hobsbawm, Eric J. *Das lange 19. Jahrhundert. Band 2: Die Blütezeit des Kapitals*. Zum ersten Mal als Gesamtausgabe auf Deutsch. Darmstadt: Theiss, 2017.

Hofmann, Werner. *Einkommenstheorie: Vom Merkantilismus bis zur Gegenwart*. 3. Aufl., unveränd. Nachdr. Bd. Bd. 2. Sozialökonomische Studientexte. Berlin: Duncker und Humblot, 1986.

— *Theorie der Wirtschaftsentwicklung. Vom Merkantilismus bis zur Gegenwart*. 3. Aufl. Unveränd. Nachdr. d. 2. Aufl. Bd. Bd. 3. Sozialökonomische Studientexte. Berlin: Duncker Humblot, 1979.

— *Wert- und Preislehre*. 3. Aufl. Bd. Bd. 1. Sozialökonomische Studientexte. Berlin: Duncker u. Humblot, 1979.

Horkheimer, Max und Theodor W. Adorno. *Dialektik der Aufklärung: Philos. Fragm.* Frankfurt am Main: S. Fischer, 1986.

https://www.de-ipcc.de/. *Deutsche IPCC-Koordinierungsstelle - de-IPCC.* 29.06.2024. URL: `%5Curl%7Bhttps://www.de-ipcc.de/%7D` (besucht am 29. 06. 2024).

Independent. *Combustion engine car sales have already peaked, data shows.* 2025. URL: `%5Curl%7Bhttps://www.independent.co.uk/tech%7D` (besucht am 05. 03. 2025).

IPCC. *Klimänderung 2001: Wissenschaftliche Grundlagen.* 2001.

— *Klimawandel 2023: Sythesebericht.* 26.07.2024. URL: `%5Curl%7Bhttps://www.de-ipcc.de/%7D` (besucht am 26. 07. 2024).

— *Zusammenfassung für die politische Entscheidungsfindung. In: Klimawandel 2022: "Minderung des Klimawandels". Beitrag der Arbeitsgruppe III zum Sechsten IPCC-Sachstandsbericht des Zwischenstaatlichen Ausschusses für Klimaänderungen.* 2022. DOI: `\url{10.48585/ncrb-8p46}`.

— *Zusammenfassung für die politische Entscheidungsfindung. In: Klimawandel 2023: Synthesebericht. Beitrag der Arbeitsgruppen I, II und III zum Sechsten Sachstandsbericht des Zwischenstaatlichen Ausschusses für Klimaänderungen.* 2024.

IPPC 2014. *Klimaänderung 2014: Synthesebericht.* Bonn: IPCC, 2016.

Iten, Dominic. „For show: Über Sinn und Unsinn der Weltklimakonferenz". In: *Konkret* 2 (2024), S. 28.

Jackson, Tim. *Wohlstand ohne Wachstum: Grundlagen für eine zukunftsfähige Wirtschaft.* München: oekom, 2017.

Jenseits des Wachstums - auf dem Weg zu einem neuen ökonomischen Ansatz. Bd. Band 24. Schriften zu Wirtschaft und Soziales. Berlin: Heinrich-Böll-Stiftung, 2021.

Jonas, Hans. *Das Prinzip Verantwortung: Versuch einer Ethik für die technologische Zivilisation.* 9. Aufl. Frankfurt am Main: Suhrkamp, 2021.

Karathanassis, Athanasios. *Kapitalistische Naturverhältnisse: Ursachen von Naturzerstörungen - Begründungen einer Post-*

wachstumsökonomie. Aktualisierte und vollständige Überarbeitung. Hamburg: VSA-Verlag, 2015.

Kegel, Bernhard. *Abgrund: Roman*. Lizenzausgabe. Bd. 29961. Fischer. Frankfurt am Main: FISCHER Taschenbuch, 2018.

Kern, Bruno. *Das Märchen vom grünen Wachstum: Plädoyer für eine solidarische und nachhaltige Gesellschaft*. 1. Aufl. Zürich: Rotpunktverlag, 2019.

Keynes, John Maynard. *Allgemeine Theorie der Beschäftigung, des Zinses und des Geldes*. 9. Aufl., unveränd. Nachdr. der 1936 ersch. 1. Aufl. Berlin: Duncker & Humblot, 2002.

— *Das Ende des Laissez-Faire: Ideen zur Verbindung von Privat- und Gemeinwirtschaft*. 2. Aufl. D&H 2012. Berlin: Duncker & Humblot, 2011.

— *Ein Traktakt über Währungsreform*. 2. Aufl., unveränd. Nachdr. der 1924 ersch. 1. Aufl. Berlin: Duncker & Humblot, 1997. ISBN: 3-428-07384-3.

— *Vom Gelde*. Berlin: Duncker & Humblot, 1955.

Klein, Naomi. *Warum nur ein Green New Deal unseren Planeten retten kann*. 1. Auflage. Hamburg: Hoffmann und Campe, 2020.

Kolbert, Elizabeth. *Das sechste Sterben: Wie der Mensch Naturgeschichte schreibt*. 2. Auflage 2016. Berlin: Suhrkamp, 2016.

Köller, Heinz. *Die Pariser Kommune von 1871*. Berlin: VEB Deutscher Verlag der Wissenschaften, 1971.

Konferenz der Vereinten Nationen für Umwelt und Entwicklung. *Agenda 21*. Hrsg. von United Nations. Rio de Janeiro, 1992.

Konicz, Tomasz. „Down Under: Lässt sich die Klimakatastrophe noch verhindern?" In: *Konkret* 10 (2017), S. 26–27.

— „Nachhaltig plündern". In: *Konkret* 1 (2023), S. 18–20.

Korsch, Karl. „Die Sozialisierungsfrage vor und nach der Revolution". In: *Schriften zur Sozialisierung*. Hrsg. von Erich

Gerlach. Theorie und Praxis der Gewerkschaften. Frankfurt a.M.: Europäische Verlagsanstalt, 1969, S. 50–54.

Korsch, Karl. „Grundsätzliches über Sozialisierung". In: *Schriften zur Sozialisierung.* Hrsg. von Erich Gerlach. Theorie und Praxis der Gewerkschaften. Frankfurt a.M.: Europäische Verlagsanstalt, 1969, S. 69–82.

— „Revolutionäre Kommune". In: *Schriften zur Sozialisierung.* Hrsg. von Erich Gerlach. Theorie und Praxis der Gewerkschaften. Frankfurt a.M.: Europäische Verlagsanstalt, 1969, S. 100–108.

— *Schriften zur Sozialisierung.* Theorie und Praxis der Gewerkschaften. Frankfurt a.M.: Europäische Verlagsanstalt, 1969.

— „Was ist Sozialisierung? Ein Programm des praktischen Sozialismus". In: *Schriften zur Sozialisierung.* Hrsg. von Erich Gerlach. Theorie und Praxis der Gewerkschaften. Frankfurt a.M.: Europäische Verlagsanstalt, 1969, S. 15–49.

Krahl, Hans-Jürgen. *Konstitution und Klassenkampf: Zur historischen Dialektik von buergerl. Emanzipation u. proletar. Revolution; Schriften, Reden u. Entw. aus d. Jahren 1966-70.* Frankfurt und Main: Verlag Neue Kritik, 1977.

Krüger, Stephan. *Allgemeine Theorie der Kapitalakkumulation: Langfristige Entwicklung u. konjunktureller Zyklus.* Bd. 1. Kritik der politischen Ökonomie und Kapitalismusanalyse. Hamburg: VSA Verlag, 1986.

— *Keynes und Marx: Darstellung und Kritik der »General Theory« ; Bewertung keynesianischer Wirtschaftspolitik ; Linker Keynesianismus und Sozialismus.* Bd. 4. Kritik der politischen Ökonomie und Kapitalismusanalyse. Hamburg: VSA Verlag, 2012.

— *Politische Ökonomie des Geldes: Gold, Währung, Zentralbankpolitik und Preise*. Bd. 2. Kritik der politischen Ökonomie und Kapitalismusanalyse. Hamburg: VSA Verlag, 2012.

— *Soziale Ungleichheit: Private Vermögensbildung, sozialstaatliche Umverteilung und Klassenstruktur*. Bd. Band 5. Kritik der politischen Ökonomie und Kapitalismusanalyse. Hamburg: VSA Verlag Hamburg, 2017.

— *Wirtschaftspolitik und Sozialismus: Vom politökonomischen Minimalkonsens zur Überwindung des Kapitalismus*. Bd. 3. Kritik der politischen Ökonomie und Kapitalismusanalyse. Hamburg: VSA Verlag, 2016.

Krugman, Paul R. und Maurice Obstfeld. *Internationale Wirtschaft: Theorie und Politik der Außenwirtschaft*. 7., aktualisierte Aufl. München: Pearson Studium, 2006.

Kuczynski, Jürgen. *Das Gleichgewicht der Null. Zu den Theorien des Null-Wachstums*. Bd. 31. Zur Kritik der bürgerlichen Ideologie. Berlin: Akademie-Verlag, 1973.

Kuhn, Thomas S. *Die Struktur wissenschaftlicher Revolutionen*. 2., rev. u. um d. Postskriptum von 1969 erg. Aufl., 5. Aufl., 29. - 33. Tsd. Frankfurt am Main: Suhrkamp, 1979.

Kulla, Daniel. „Arbeitsplätze selber schaffen. Das argentische Modell: besetzen, Widerstand leisten, weiterproduzieren". In: *»Where have all the Rebels gone?«* Hrsg. von Christopher Wimmer. Münster: Unrast, 2020, S. 261–273.

Kurz, Robert. *Geld ohne Wert: Grundrisse zu einer Transformation der Kritik der politischen Ökonomie*. 1. Aufl. Berlin: Horlemann, 2012.

Lanchester, John. *Die Mauer: Roman*. München: Wilhelm Heyne Verlag, 2020.

Latour Bruno;Schultz, Nikolaj. *Zur Entstehung einer ökologischen Klasse: Ein Memorandum*. Erste Auflage, Deutsche

Erstausgabe, Sonderdruck. Edition Suhrkamp. Berlin: Suhrkamp, 2022.

Lemon Banhierl;Andrea Dieck;Justus Henze;Lukas Warning;Maximilian Wilken. *Mit Vergesellschaftung gegen die Ohnmacht: Potenziale eines emanzipatorischen Hegemonieprojekts für die sozial-ökologische Transformation im Energiesektor.* Hrsg. von communia e.V. Berlin, 2024. URL: `%5Curl%7Bhttps://www.rosalux.de/publikation/id/52487/mit-vergesellschaftung-gegen-die-ohnmacht%7D` (besucht am 20. 03. 2025).

Lenin, W. I. *Der Imperialismus als höchstes Stadium des Kapitalismus: Ein gemeinverständlicher Abriß.* Bd. 1. Ausgewählte Werke. Berlin: Dietz Verlag, 1979.

Löwy, Michael. *Ökosozialismus: Die radikale Alternative zur ökologischen und kapitalistischen Katastrophe.* Hamburg: LAIKA Verlag, 2016.

Luks, Fred. „Jenseits des Ökonomischen das Nachhaltige suchen". In: *Ökologisches Wirtschaften* 22.1 (2007), S. 27–29. URL: `%5Curl%7Bhttps://www.oekologisches-wirtschaften.de/index.php/oew/article/view/501%7D`.

Luxemburg, Rosa. *Die Akkumulation des Kapitals: Ein Beitrag zur ökonomischen Erklärung des Imperialismus.* Bd. 5. Gesammelte Werke. Berlin: Dietz Verlag, 1981.

Malm, Andreas. *Fossil capital: The rise of steam power and the roots of global warming.* London und New York: Verso, 2016.

— *The progress of this storm: Nature and society in a warming world.* London und Brooklyn, NY: Verso, 2020.

Malm, Andreas;Zetkin Collective. *White skin, black fuel: On the danger of fossil fascism.* London und New York: Verso, 2021.

Malm Andreas;Carton, Wim. *Overshoot.* London und New York: Verso, 2024.

Mann, Michael E. *The new climate war: The fight to take back our planet.* First edition. Melbourne und London: Scribe Publications, 2021.

Martens Jens;Obenland, Wolfgang. *Die Agenda 2030: Globale Zukunftsziele für nachhaltige Entwicklung.* Vollständig aktualisierte und überarbeitete Neuauflage, Redaktionsschluss: 30. September 2017. Bonn und Osnabrück: Global Policy Forum und terre des hommes, 2017.

Marx, Karl. „Allgemeine Statuten und Verwaltungs-Verordnungen der Internationalen Arbeiterassoziation". In: *Marx Engels Werke.* Bd. 17. Marx Engels Werke. Berlin: Dietz Verlag, 1982, S. 440–455.

— „Brief an die Redaktion der "Otetschestwennyje Sapiski"". In: *Marx Engels Werke.* Bd. 19. Marx Engels Werke. Berlin: Dietz Verlag, 1982, S. 107–112.

— „Brief an Edward Spencer Beesly vom 12. Juni 1871". In: *Marx Engels Werke.* Bd. 33. Marx Engels Werke. Berlin: Dietz Verlag, 1982, S. 228–230.

— „Brief an Ludwig Kugelmann vom 11. Juli 1868". In: *Marx Engels Werke.* Bd. 32. Marx Engels Werke. Berlin: Dietz Verlag, 1982, S. 552–554.

— „Brief an Ludwig Kugelmann vom 17. April 1871". In: *Marx Engels Werke.* Bd. 33. Marx Engels Werke. Berlin: Dietz Verlag, 1982, S. 209.

— „Brief an V.I. Sassulitsch vom 8. März 1881". In: *Marx Engels Werke.* Bd. 19. Marx Engels Werke. Berlin: Dietz Verlag, 1982, S. 242–243.

— *Das Kapital: Kritik der politischen Ökonomie, Erster Band, Buch I: Der Produktionsprozess des Kapitals.* Neue Textausgabe. Hamburg: VSA Verlag, 2017.

— „Das Kapital. Kritik der politischen Ökonomie Dritter Band: Buch III: Der Gesamtprozeß der kapitalistischen Produktion".

In: *Marx Engels Werke*. Bd. 25. Marx Engels Werke. Berlin: Dietz Verlag, 1982.

Marx, Karl. „Das Kapital. Kritik der politischen Ökonomie Erster Band: Buch I: Der Produktionsprozeß des Kapitals". In: *Marx Engels Werke*. Bd. 23. Marx Engels Werke. Berlin: Dietz Verlag, 1982.

— „Das Kapital. Kritik der politischen Ökonomie Zweiter Band: Buch II: Der Zirkulationsprozeß des Kapitals". In: *Marx Engels Werke*. Bd. 24. Marx Engels Werke. Berlin: Dietz Verlag, 1982.

— „Der Bürgerkrieg in Frankreich. Adresse des Generalrats der Internationalen Arbeiterassoziation". In: *Marx Engels Werke*. Bd. 17. Marx Engels Werke. Berlin: Dietz Verlag, 1982, S. 313–365.

— „Die Klassenkämpfe in Frankreich 1848 bis 1850". In: *Marx Engels Werke*. Bd. 7. Marx Engels Werke. Berlin: Dietz Verlag, 1982, S. 9–107.

— „Dritter Entwurf einer Antwort auf den Brief von V.I. Sassulitsch". In: *Marx Engels Werke*. Bd. 19. Marx Engels Werke. Berlin: Dietz Verlag, 1982, S. 401–406.

— „Erste Adresse des Generalrats über den Deutsch-Französischen Krieg". In: *Marx Engels Werke*. Bd. 17. Marx Engels Werke. Berlin: Dietz Verlag, 1982, S. 3–8.

— „Erster Entwurf einer Antwort auf den Brief von V.I. Sassulitsch". In: *Marx Engels Werke*. Bd. 19. Marx Engels Werke. Berlin: Dietz Verlag, 1982, S. 384–395.

— „Grundrisse der Kritik der politischen Ökonomie". In: *Marx Engels Werke*. Bd. 42. Marx Engels Werke. Berlin: Dietz Verlag, 1982.

— *Grundrisse der Kritik der politischen Ökonomie (Rohentwurf)*. 2. Aufl. Berlin: Dietz Verlag, 1974.

— „Kritik des Gothaer Programms: Randglossen zum Programm der deutschen Arbeiterpartei". In: *Marx Engels Werke*. Bd. 19. Marx Engels Werke. Berlin: Dietz Verlag, 1982, S. 11–32.

— „Ökonomisches Manuskript 1861-1863: Teil 1". In: *Marx Engels Werke*. Bd. 43. Marx Engels Werke. Berlin: Dietz Verlag, 1982.

— „Ökonomisches Manuskript 1861-1863: Teil 2". In: *Marx Engels Werke*. Bd. 44. Marx Engels Werke. Berlin: Dietz Verlag, 1982.

— „Schriften bis 1844". In: *Marx Engels Werke*. Bd. 40. Marx Engels Werke. Berlin: Dietz Verlag, 1982.

— „Theorien über den Mehrwert: Dritter Teil: Neunzehntes bis vierundzwanzigstes Kapitel". In: *Marx Engels Werke*. Marx Engels Werke. Berlin: Dietz Verlag, 1982.

— „Theorien über den Mehrwert: Erster Teil: Erstes bis siebentes Kapitel und Beilagen". In: *Marx Engels Werke*. Bd. 26.1. Marx Engels Werke. Berlin: Dietz Verlag, 1982.

— „Theorien über den Mehrwert: Zweiter Teil: Achtes bis achtzehntes Kapitel". In: *Marx Engels Werke*. Bd. 26.2. Marx Engels Werke. Berlin: Dietz Verlag, 1982.

— „Zur Kritik der Hegelschen Rechtsphilosophie". In: *Marx Engels Werke*. Bd. 1. Marx Engels Werke. Berlin: Dietz Verlag, 1982, S. 201–333.

— „Zweite Adresse des Generalrats über den Deutsch-Französischen Krieg". In: *Marx Engels Werke*. Bd. 17. Marx Engels Werke. Berlin: Dietz Verlag, 1982, S. 271–279.

— „Zweiter Entwurf einer Antwort auf den Brief von V.I. Sassulitsch". In: *Marx Engels Werke*. Bd. 19. Marx Engels Werke. Berlin: Dietz Verlag, 1982, S. 396–400.

Marx, Karl und Friedrich Engels. „Briefe. Juli 1870 bis Dezember 1874". In: *Marx Engels Werke*. Bd. 33. Marx Engels Werke. Berlin: Dietz Verlag, 1982.

— „Die deutsche Ideologie". In: *Marx Engels Werke*. Bd. 3. Marx Engels Werke. Berlin: Dietz Verlag, 1982.

— „Manifest der Kommunistischen Partei". In: *Marx Engels Werke*. Bd. 4. Marx Engels Werke. Berlin: Dietz Verlag, 1982, S. 459–493.

— *Marx Engels Werke*. Marx Engels Werke. Berlin: Dietz Verlag, 1982.

Mason, Paul. *Postkapitalismus: Grundrisse einer kommenden Ökonomie*. 1. Auflage. Bd. 4845. suhrkamp taschenbuch. Berlin: Suhrkamp, 2018.

Mattfeldt, Harald. *Keynes: Kommentierte Werkauswahl*. Hamburg: VSA-Verl., 1985.

Mau, Søren. *Stummer Zwang*. 1. Aufl. Berlin: Dietz Verlag, 2021.

McNeill, John Robert. *Blue planet: Die Geschichte der Umwelt im 20. Jahrhundert*. Bd. 518. Schriftenreihe / Bundeszentrale für Politische Bildung. Bonn: Bundeszentrale für Politische Bildung, 2005.

Meadows, Dennis. *Die Grenzen des Wachstums. Bericht des Club of Rome zur Lage der Menschheit*. Reinbek b. Hamburg: Rowohlt, 1973.

— *Die neuen Grenzen des Wachstums*. 5. Aufl. Reinbek bei Hamburg: Rowohlt, 2001.

— *Grenzen des Wachstums - das 30-Jahre-Update: Signal zum Kurswechsel*. 5. Auflage. Stuttgart: S. Hirzel Verlag, 2016.

Mehte, Wolfgang. *Ökologie und Marxismus: Ein Neuansatz zur Rekonstruktion der politischen Ökonomie unter ökologischen Krisenbedingungen*. 2., unveränd. Aufl. Hannover: SOAK-Verlag, 1983.

Miegel, Meinhard. *Exit: Wohlstand ohne Wachstum.* 2. Aufl., Ungekürzte Ausg. List-Taschenbuch. Berlin: List Taschenbuch, 2012.

Minsky, Hyman P. *Instabilität und Kapitalismus.* Zürich: Diaphanes, 2011. ISBN: 978-3-03734-144-5.

Mock, Mirijam. „Verantwortliches Individuum? Die (Un-)Haltbarkeit der Erzählung von der Konsument*innenverantwortung". In: *Nachhaltige Nicht-Nachhaltigkeit.* Hrsg. von Ingolfur Blühdorn. X-Texte zu Kultur und Gesellschaft. Bielefeld: transcript, 2020.

Nachtwey, Oliver. *Die Abstiegsgesellschaft: Über das Aufbegehren in der regressiven Moderne.* 4. Auflage 2016. Bd. 2682. edition suhrkamp. Berlin: Suhrkamp, 2016.

Neupert-Doppler, Alexander. *Ökosozialismus: Eine Einführung.* Wien: Mandelbaum Verlag eG, 2022.

Neusüss, Christel. *Imperialismus und Weltmarktbewegung des Kapitals.* 1. Aufl., 1. - 6. Tsd. Erlangen: Politladen Verl.-Ges., 1972. ISBN: 3-920531-31-0.

Nordhaus, William D. *The climate casino: Risk, uncertainty, and economics for a warming world.* New Haven und London: Yale University Press, 2013.

Oreskes Naomi;Conway, Erik M. *Merchants of doubt: How a handful of scientists obscured the truth on issues from tobacco smoke to global warming.* London: Bloomsbury, 2012.

Ostrom, Elinor. *Governing the Commons: The evolution of institutions for collective action.* 13. Aufl. Cambridge: Cambridge University Press, 2021.

Otto, Friederike. *Klimaungerechtigkeit: Was die Klimakatastrophe mit Kapitalismus, Rassismus und Sexismus zu tun hat.* 2. Aufl. Berlin: Ullstein, 2024.

Otto, Friederike. *Wütendes Wetter: Auf der Suche nach den Schuldigen für Hitzewellen, Hochwasser und Stürme.* Berlin: Ullstein, August 2020.

Oulios, Miltiadis. *Klima-Kommunismus: Gleichheit in Zeiten der Erderwärmung.* 1. Auflage. Münster: Unrast Verlag, 2024.

Paech, Niko. *Befreiung vom Überfluss: Auf dem Weg in die Postwachstumsökonomie.* 9. Auflage. München: oekom verlag, 2016.

— „Vom grünen Wachstumsmythos zur Postwachstumsökonomie". In: *Perspektiven einer nachhaltigen Entwicklung.* Hrsg. von Klaus Welzer Harald;Wiegandt. Frankfurt am Main: Fischer, 2012, S. 131–151.

Pannekoek, Anton. *Das falsche Bewusstsein.* Bd. Band 2. Die Grundlagen der sozialen Revolution. Hamburg: Red & Black Books, 2024.

— *Der Dritte Weltkrieg.* Bd. Band 3. Die Grundlagen der sozialen Revolution. Hamburg: Red & Black Books, 2025.

— *Die Arbeiterräte.* Bd. Band 1. Die Grundlagen der sozialen Revolution. Hamburg: Red & Black Books, 2024.

— *Neubestimmung des Marxismus: Diskussion über Arbeiterräte.* 1. Aufl. Berlin: Kramer, 1974.

— „Sozialdemokratie und Kommunismus". In: *Neubestimmung des Marxismus.* Hrsg. von Cajo Brendel. Berlin: Kramer, 1974, S. 52–76.

Partei Die Linke. *Sofortprogramm Klima.* Hrsg. von Parteivorstand Die Linke. 2018.

Parteivorstand AfD. *Wahlprogramm der Alternative für Deutschland für die Wahl zum Deutschen Bundestag 2017.* Hrsg. von Wahlvorstand der AfD. Köln, 2017.

Parteivorstand Die Grünen. *Zukunft wird aus Mut gemacht: Bundestagswahlprogramm 2017.* Berlin, 2017.

Pestel, Eduard. *Jenseits der Grenzen des Wachstums: Bericht an d. Club of Rome*. Stuttgart: Dt. Verl.-Anst, 1988.

Peters, Ole. „The ergodicity problem in economics". In: *Nature Physics* 15.12 (2019), S. 1216–1221. ISSN: 1745-2481. DOI: \url{10.1038/s41567-019-0732-0}.

Piketty, Thomas. *Das Kapital im 21. Jahrhundert*. 1. Aufl. München: Beck, C H, 2014.

— *Der Sozialismus der Zukunft: Interventionen*. München: C.H. Beck, 2021.

— *Die Schlacht um den Euro: Interventionen / Thomas Piketty*. Bd. v.6188. Beck Paperback.

— *Eine kurze Geschichte der Gleichheit*. 1. Auflage. München: C.H. Beck, 2023.

— *Kapital und Ideologie*. [1. Auflage]. München: C.H. Beck, 2020.

— *Natur, Kultur und Ungleichheit: Eine historische und vergleichende Betrachtung*. Deutsche Erstausgabe. München: Piper, 2023.

Pitron, Guillaume. *The rare metals war: The dark side of clean energy and digital technologies*. London: Scribe, 2020.

Polanyi, Karl. *The great transformation: Politische und ökonomische Ursprünge von Gesellschaften und Wirtschaftssystemen*. 13. Auflage. Berlin: Suhrkamp Taschenbuch Verlag, 2017.

Pratchett Terry;Baxter, Stephen. *Die Lange Erde: Roman*. Taschenbuchausg., 2. Aufl. München: Goldmann, 2014.

puk e.V., Perspektive unabhängige Kommunikation, Hrsg. *Sozialismus XXI: Übergangsprogramm zm Demokratischen Sozialismus des 21. Jahrhunderts in Europa*. Göttingen: AktivDruck-Verl., 2010.

Pynchon, Thomas. *Bleeding Edge*. Reinbek: Rowohlt, 2014.

Randers, Jørgen. *2052: Der neue Bericht an den Club of Rome ; eine globale Prognose für die nächsten 40 Jahre*. 3. Aufl., Paperback. München: Oekom-Verl., 2014.

Raworth, Kate. *Doughnut economics: Seven ways to think like a 21st-century economist*. London: Random House Business Books, 2017.

Renault, Jean-François. *Übergang in eine Green Economy: Notwendige strukturelle Veränderungen und Erfolgsbedingungen für deren tragfähige Umsetzung in Deutschland: Internationale Bestandsaufnahme des Übergangs in eine Green Econonmy*. Hrsg. von Umweltbundesamt. Dessau-Roßlau, 2016.

Rendueles, César. *Kanaillen-Kapitalismus: Eine literarische Reise durch die Geschichte der freien Marktwirtschaft*. Deutsche Erstausgabe. Berlin: Suhrkamp, 2018.

— *Soziophobie: Politischer Wandel im Zeitalter der digitalen Utopie*. 1. Aufl. Berlin: Suhrkamp, 2015.

Reuters. *China announces plans for major renewable projects to tackle climate change*. 2025. URL: `%5Curl%7Bhttps://www.reuters.com/sustainability/climate-energy/china-announces-plans-major-renewable-projects-tackle-climate-change-2025-03-05/?utm_source=cbnewsletter&utm_medium=email&utm_term=2025-03-05&utm_campaign=Daily+Briefing+05+03+2025%7D` (besucht am 05. 03. 2025).

Ricardo, David. *Über die Grundsätze der politischen Ökonomie und der Besteuerung*. nach der 3. Auflage von 1821. Berlin: Akademie Verlag, 1959.

Rich, Nathaniel. *Losing Earth*. 1. Auflage. Berlin: Rowohlt Berlin, 2019.

Riese, Hajo. „Marx als Wachstums- und Verteilungstheoretiker". In: *Die ökonomischen Lehren von Marx, Keynes, Schumpeter*.

Hrsg. von Manfred Timmermann. Stuttgart: Kohlhammer, 1987, S. 10–31.

— „Theorie der Geldwirtschaft. Teil A: Grundlagen einer Theorie der Geldwirtschaft". Berlin, 1980.

— „Theorie der Geldwirtschaft. Teil B: Theorie des Vermögens". Berlin, 1980.

— „Theorie der Geldwirtschaft. Teil C: Theorie der Produktion". Berlin, 1980.

— „Theorie der Geldwirtschaft. Teil D: Theorie der Interaktion". Berlin, 1981.

— *Theorie der Inflation*. Tübingen: Mohr, 1986.

Riesewieck, Moritz. *Digitale Drecksarbeit: Wie uns Facebook & Co. von dem Bösen erlösen*. Originalausgabe. dtv premium. München: dtv, 2017.

Rifkin, Jeremy. *Die Null Grenzkosten Gesellschaft: Das Internet der Dinge, kollaboratives Gemeingut und der Rückzug des Kapitalismus*. Frankfurt am Main: FISCHER Taschenbuch, 2016.

Roesler, Jörg. *Abgewrackt: Die Wirtschaft der DDR – von der Krise zur Liquidierung*. 1. Auflage. Bd. 295. Neue Kleine Bibliothek. Köln: PapyRossa Verlag, 2020.

Rose, Klaus und Karlhans Sauernheimer. *Theorie der Außenwirtschaft*. 13. Auflage. München: Vahlen, 1999.

Rosenberg, Arthur. *Demokratie und Sozialismus*. Frankfurt am Main: Europäische Verlagsanstalt, 1962.

Rounce, David;u.a. *Global glacier change in the 21st century: Every increase in temperature matters*. Hrsg. von Science. 2023. URL: `%5Curl%7Bhttps://www.science.org/doi/10.1126/science.abo1324%7D` (besucht am 07. 01. 2023).

Rügemer, Werner. *Die Kapitalisten des 21. Jahrhunderts: Gemeinverständlicher Abriss zum Aufstieg der neuen Finanz-*

akteure. Bd. 263. Neue kleine Bibliothek. Köln: PapyRossa Verlag, 2018.

Sahlins, Marshall. *Die ursprüngliche Wohlstandsgesellschaft*. Erste Auflage. Berlin: Matthes & Seitz Berlin, 2024.

Saitō, Kōhei. *Systemsturz: Der Sieg der Natur über den Kapitalismus*. München: dtv, 2023.

Sarkar, Saral. *Die nachhaltige Gesellschaft: Eine kritische Analyse der Systemalternativen*. 1. Aufl. Zürich: Rotpunktverlag, 2001.

Schadt Peter;Weis, Nathan. „Deutsches Wesen. Trotz einhelliger Kritik an der 27. UN-Klimakonferenz - die Bundesregierung hat erreicht, was sie wollte: Zweiter Teil einer Serie zum deutschen Energieimperialismus". In: *Konkret* 1 (2023), S. 12–15.

— „Nachhaltig verstrahlt. Deutschland bleibt vorerst bei der Kernkraft: Erster Teil einer Serie zum deutschen Energieimperialismus". In: *Konkret* 12 (2022), S. 14–15.

Schäfer, Jakob. *Plädoyer für eine demokratisch geplante Wirtschaft*. 2010. URL: `%5Curl%7Bhttps://intersoz.org%7D` (besucht am 23. 07. 2022).

— *Rätedemokratie? Was sonst!* 2019. URL: `%5Curl%7Bhttps://intersoz.org/raetedemokratie-was-sonst/%7D` (besucht am 23. 07. 2023).

Schaupp, Simon. *Stoffwechselpolitik: Arbeit, Natur und die Zukunft des Planeten*. Berlin: Suhrkamp, 2024. ISBN: 978-3-518-02986-2.

Scheer, Hermann. *Solare Weltwirtschaft: Strategie für die ökologische Moderne*. 5., aktualisierte Aufl. München: Kunstmann, 2002.

Schellhagen, Johanna. „Dieser Staat sind wir nicht! Eine Kritik am Staatsidealismus der Klimabewegung". In: *Konkret* 11 (2023), S. 13.

Scherhorn, Gerhard. „Die Politik entkam der Wachstumsfalle. Ein Bericht aus dem Jahr 2050". In: *Perspektiven einer nachhaltigen Entwicklung*. Hrsg. von Klaus Welzer Harald;Wiegandt. Frankfurt am Main: Fischer, 2012, S. 64–102.

Schernikau, Ronald M. *Die Tage in L: Darüber, daß die DDR und die BRD sich niemals verständigen können, geschweige mittels ihrer Literatur*. 2. Aufl. Hamburg: Konkret-Literatur-Verl., 2009.

Schmidt, Alfred. *Der Begriff der Natur in der Lehre von Marx*. 5. Aufl. Hamburg: CEP Europäische Verlagsanstalt, 2016.

Schneidewind, Uwe. *Die große Transformation: Eine Einführung in die Kunst gesellschaftlichen Wandels*. Originalausgabe. Forum für Verantwortung. Frankfurt am Main: Fischer Taschenbuch, 2018.

Schorlau, Wolfgang. *Fremde Wasser: Denglers dritter Fall*. 22. Aufl. Bd. 964. KiWi. Köln: Kiepenheuer & Witsch, 2015.

Schumacher, Ernst Friedrich. *Die Rückkehr zum menschlichen Mass: Alternativen für Wirtschaft und Technik = Small is beautiful*. Reinbek bei Hamburg: Rowohlt, 1977.

Skidelsky, Robert und Edward Skidelsky. *Wie viel ist genug? : Vom Wachstumswahn zu einer Ökonomie des guten Lebens*. München: Kunstmann, 2013.

Smith, Adam. *Reichtum der Nationen*. Hauptwerke der großen Denker. Paderborn: Voltmedia, 2005.

Sohn, Manfred. *Der dritte Anlauf: Alle Macht den Räten*. Köln: PapyRossa-Verl., 2012.

SPD Parteivorstand. *Hamburger Programm: Das Grundsatzprogramm der SPD*. Hrsg. von SPD Parteivorstand. Hamburg, 2007.

— *Zeit für mehr Gerechtigkeit: Unser Regierungsprogramm für Deutschland: Das Regierungsprogramm 2017 bis 2021*. Hrsg. von SPD Parteivorstand. Berlin, 2017.

Sraffa, Piero. *Warenproduktion mittels Waren: Einleitung zu einer Kritik der ökonomischen Theorie.* 1. Aufl. Frankfurt am Main: Suhrkamp, 1976.

Srnicek, Nick und Alex Williams. *Die Zukunft erfinden: Postkapitalismus und eine Welt ohne Arbeit.* 1. Auflage. Bd. 236. Critica diabolis. Berlin: Edition TIAMAT, 2016.

Stahmer, Carsten. *Das Janus-Prinzip: Fortschritt durch Rücksicht.* Wiesbaden, 2008.

— *Das magische Dreieck der Input-Output-Rechnung.* 2011. URL: `%5Curl%7Bhttp://www.puk.de/de/component/search/Stahmer.html?ordering=&searchphrase=all%7D`.

Statista. *Länder mit den größten Lithiumreserven im Jahr 2023.* 2024. URL: `%5Curl%7Bhttps://de.statista.com/statistik/daten/studie/159933/umfrage/laender-mit-den-groessten-lithiumreserven-weltweit/%7D` (besucht am 16.11.2024).

Sternberg, Fritz. *Der Imperialismus.* Berlin: Malik-Verl., 1971.

Stöcker, Christian. *Männer, die die Welt verbrennen: Der entscheidende Kampf um die Zukunft der Menschheit.* 4. Aufl. Berlin: Ullstein, 2024.

Streeck, Wolfgang. *Gekaufte Zeit. Die vertagte Krise des demokratischen Kapitalismus.* Erweiterte Ausgabe, 3. Auflage. Bd. 2012. Frankfurter Adorno-Vorlesungen. Berlin: Suhrkamp, 2018.

Tacke, Klaus H. *Gemeinwohl-Ökonomie? Was geht - und was nicht ; kritisch-konstruktive Betrachtung des gleichnamigen Buches von Christian Felber.* 1. Aufl. Norderstedt: Books on Demand, 2014.

Tanuro, Daniel. *Was ist Ökosozialismus? Was der soziale Kampf mit dem Kampf gegen Klimawandel zu tun hat.* 2015. URL: `%5Curl%7Bhttps://www.sozonline.de/2015/07/was-ist-oekosozialismus/%7D` (besucht am 23.07.2023).

Thompson, Edward Palmer. *Die Entstehung der englischen Arbeiterklasse.* Frankfurt am Main: Suhrkamp, 1987.

Timmermann, Manfred, Hrsg. *Die ökonomischen Lehren von Marx, Keynes, Schumpeter.* Stuttgart: Kohlhammer, 1987.

Tocqueville, Alexis de. *Über die Demokratie in Amerika.* Ditzingen: Reclam Verlag, 2021.

— *Über die Demokratie in Amerika: Beide Teile in einem Band.* München: Deutscher Taschenbuch Verlag, 1976. DOI: \url{Alexis}.

Trotzki, Leo. „Der einzige Weg". In: *Porträt des Nationalsozialismus: Ausgwählte Schriften 1930-1935.* Trotzki-Bibliothek. Essen: Mehring Verlag, 2023, S. 241–306.

— „Der Zentrismus und die Vierte Internationale". In: *Porträt des Nationalsozialismus: Ausgwählte Schriften 1930-1935.* Trotzki-Bibliothek. Essen: Mehring Verlag, 2023, S. 383–390.

— „Die Wendung der Komintern und die Lage in Deutschland: September 1930". In: *Porträt des Nationalsozialismus: Ausgwählte Schriften 1930-1935.* Trotzki-Bibliothek. Essen: Mehring Verlag, 2023, S. 21–44.

— „Gegen den Nationalkommunismus! Lehren des "roten" Volksentscheids". In: *Porträt des Nationalsozialismus: Ausgwählte Schriften 1930-1935.* Trotzki-Bibliothek. Essen: Mehring Verlag, 2023, S. 45–69.

— „Gespräch mit einem sozialdemokratischen Arbeiter: Über die Abwehr-Einheitsfront". In: *Porträt des Nationalsozialismus: Ausgwählte Schriften 1930-1935.* Trotzki-Bibliothek. Essen: Mehring Verlag, 2023, S. 307–330.

— *Porträt des Nationalsozialismus: Ausgwählte Schriften 1930-1935.* 2. erweiterte, revidierte Ausgabe. Trotzki-Bibliothek. Essen: Mehring Verlag, 2023.

— „Was nun? Schicksalsfragen des deutschen Proletariats". In: *Porträt des Nationalsozialismus: Ausgwählte Schriften 1930-*

1935. Trotzki-Bibliothek. Essen: Mehring Verlag, 2023, S. 103–232.

Trotzki, Leo. „Wie wird der Nationalsozialismus geschlagen? Brief an eine deutschen Arbeiter-Kommunisten, Mitglied der DKP". In: *Porträt des Nationalsozialismus: Ausgwählte Schriften 1930-1935*. Trotzki-Bibliothek. Essen: Mehring Verlag, 2023, S. 91–102.

Umweltbundesamt. *Atmospährische Treibhausgas-Konzentrationen*. 2019. URL: %5Curl%7Bhttps://www.umweltbundesamt.de/daten/klima%7D (besucht am 04. 05. 2019).

— *Emissionen von Luftschadstoffen*. Hrsg. von Umweltbundesamt. 2019. URL: %5Curl%7Bhttps://www.umweltbundesamt.de/themen/luft/emissionen-von-luftschadstoffen%7D (besucht am 04. 05. 2019).

— *Monitoringbericht 2023: Bericht zur Deutschen Anpassungsstrategie an den Klimawandel: Bericht der Interministeriellen Arbeitsgruppe Anpassungsstrategie der Bundesregierung*. Hrsg. von Umweltbundesamt. Dessau-Roßlau, 2023.

— *Pflanzenschutzmittelverwendung in der Landwirtschaft*. Hrsg. von Umweltbundesamt. 2019. URL: %5Curl%7Bhttps://www.umweltbundesamt.de/daten%7D (besucht am 05. 11. 2019).

— *Wer wir sind*. Hrsg. von Umweltbundesamt. 2017. URL: %5Curl%7Bhttps://www.umweltbundesamt.de/das-uba/wer-wir-sind%7D (besucht am 29. 10. 2017).

UNFCCC. *Paris Agreement*. 27.01.2025. URL: %5Curl%7Bhttps://unfccc.int/sites/default/files/english_paris_agreement.pdf%7D (besucht am 27. 01. 2025).

Viebahn, P. *Technologien für die Energiewende. Politikbericht an das Bundesministerium für Wirtschaft und Energie (BMWi)*. Hrsg. von Wuppertal Institut für Klima, Umwelt, Energie gGmbH. Wuppertal, Karlsruhe, Saarbrücken, 2018.

Voegele, Alexander. *Das Elend der Ökonomie: Von einer Wissenschaft, die keine ist.* 1. Auflage. Zürich: Rotpunktverlag, 2007.

W. Steffen;Wendy Broadgate;L. Deutsch;O. Gaffney;C. Ludwig. „The trajectory of the Anthropocene: The Great Acceleration". In: *The Anthropocene Review* (2015). URL: %5Curl% 7Bhttps : //www.semanticscholar.org/paper%7D (besucht am 28.06.2024).

Waibel, Harry. *Der gescheiterte Anti-Faschismus der SED: Rassismus in der DDR.* 1st, New ed. Frankfurt a.M: Peter Lang GmbH Internationaler Verlag der Wissenschaften, 2014.

Wainwright, Joel und Geoff Mann. *Climate Leviathan: A political theory of our planetary future.* London und New York: Verso, 2020.

Wallace, Robert G. *Was COVID-19 mit der ökologischen Krise, dem Raubbau an der Natur und dem Agrobusiness zu tun hat.* 2. Aufl. Köln: PapyRossa Verlag, 2021.

Wallace-Wells, David. *Die unbewohnbare Erde: Leben nach der Erderwärmung.* Deutsche Erstausgabe. München: Ludwig, 2019.

— *The uninhabitable earth: Life after warming.* First edition, international edition. 2019.

Weizsäcker Ernst Ulrich von;Wijkman, Anders. *Wir sind dran: Was wir ändern müssen, wenn wir bleiben wollen.* 5. aktualisierte Auflage. Gütersloh: Gütersloher Verlagshaus, 2019.

Welzer, Harald. *Die smarte Diktatur: Der Angriff auf unsere Freiheit.* Fischer. Frankfurt am Main: FISCHER Taschenbuch, 2017.

Welzer Harald;Wiegandt, Klaus, Hrsg. *Perspektiven einer nachhaltigen Entwicklung.* 2. Aufl. Frankfurt am Main: Fischer, 2012.

Wikipedia. *Brundlandt-Bericht.* URL: `%5Curl%7Bhttps://de.` `wikipedia.org/wiki/Brundtland-Bericht%7D` (besucht am 26. 06. 2022).

— *Ergodenhypothese.* Hrsg. von Wikipedia. 2020. URL: `%5Curl%` `7Bhttps://de.wikipedia.org/w/index.php?title=` `Ergodenhypothese&oldid=197824691%7D` (besucht am 08. 08. 2020).

— *Ergodizität.* Hrsg. von Wikipedia. 2020. URL: `%5Curl%7Bhttps:` `//de.wikipedia.org/w/index.php?title=Ergodizit%` `C3%A4t&oldid=199899317%7D` (besucht am 08. 08. 2020).

— *Kunstoff.* 18.11.2024. URL: `%5Curl%7Bhttps://de.wikipedia.` `org/wiki/Kunststoff%7D` (besucht am 18. 11. 2024).

— *Siegmar Gabriel.* 8.02.2025. URL: `%5Curl%7Bhttps://de.` `wikipedia.org/wiki/Sigmar_Gabriel%7D` (besucht am 08. 02. 2025).

Willis, Paul E. *Spaß am Widerstand: Gegenkultur in der Arbeiterschule.* Frankfurt Main: Syndikat-Verl.-Ges, 1979.

Wimmer, Christopher, Hrsg. *»Where have all the Rebels gone?«: Perspektiven auf Klassenkampf und Gegenmacht.* 1. Auflage. Münster: Unrast, 2020.

Wittfogel, Karl A. *Die orientalische Despotie: Eine vergleichende Untersuchung totaler Macht.* Köln: Kiepenheuer & Witsch, 1962.

Wolf, Dieter. *Ware und Geld: Der dialekt. Widerspruch im "Kapital".* Hamburg: VSA-Verl., 1985.

World Scientist. *Warning to Humanity.* 1992. URL: `%5Curl%` `7Bhttps://www.ucsusa.org%7D` (besucht am 21. 07. 2019).

Wright, Erik Olin. *Reale Utopien: Wege aus dem Kapitalismus.* Berlin und Frankfurt am Main: Suhrkamp, 2017.

www.helmholtz-klima.de/planetare-belastungs-grenzen. „Planetare Grenzen: Neun Leitplanken für die Zukunft". In: *Helm-*

holtz Klima (2022-07-26). URL: %5Curl%7Bhttps://helmholtz-klima.de/planetare-belastungs-grenzen%7D.

www.science.nasa.gov. *The relentless rise of carbon dioxide - NASA Science.* 6/26/2024. URL: %5Curl%7Bhttps://science.nasa.gov/resource/graphic-the-relentless-rise-of-carbon-dioxide/%7D.

www.stockholmresilience.org. *Planetary boundaries.* 6/25/2024. URL: %5Curl%7Bwww.stockholmresilience.org%7D.

www.was-war-wann.de/historische_werte. *Kfz Bestand Deutschland 1900 bis 2000.* 6/25/2024. URL: %5Curl%7Bhttps://www.was-war-wann.de%7D.

Zeller, Christian. *Revolution für das Klima: Warum wir eine öko-sozialistische Alternative brauchen.* München: oekom verlag, 2020.

Zola, Emile. *Germinal.* Güterslohn: Bertelsmann, 1977.

Zukunftsfähiges Deutschland in einer globalisierten Welt: Ein Anstoß zur gesellschaftlichen Debatte. 2. Aufl. Frankfurt, M.: Fischer-Taschenbuch-Verl., 2008.

Zukunftsfähiges Deutschland: Ein Beitrag zu einer global nachhaltigen Entwicklung. 4., überarb. und erw. Aufl. Basel, Boston und Berlin: Birkhäuser, 1997.

Sachverzeichnis

Personenverzeichnis

Abkürzungen

BIP Bruttoinlandproukt

CH$_4$ Methan

CO$_2$ Kohlenstoffdioxid

EGD European Green Deal

H Wasserstoff

INMS Initiative Neue Soziale Marktwirtschaft

IPCC Zwischenstaatlicher Ausschuss für Klimaänderungen

JAZ Jahresarbeitszahl

N$_2$O Lachgas

OECD Organisation für wirtschaftliche Zusammenarbeit und Entwicklung

ppb Anteile pro Milliarde

ppm Anteile pro Millionen

ppmv Anteile pro Millionen (Volumenverhältnis)

THG Treibhausgas

UNFCCC United Nations Framework Convention on Climate Change (Rahmenübereinkommen der Vereinten Nationen über Klimaänderungen)